Emily的幸福學堂

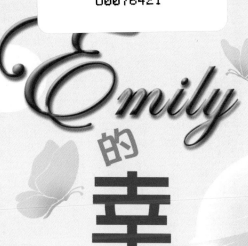

證嚴上人對慈恆的叮嚀：好好地做！

一九九一年，慈恆第一次回花蓮靜思精舍，
證嚴上人對她說的第一句話是：
「美國需要你，回去要好好做！」
一九九五年四月，慈恆第二次回靜思精舍，
參加首屆全球慈濟人精神研習會，
以美國分會慈善組社工組長身分報告；
上人對她說的第二句話是：「好用心啊！」
第三句話仍是：「回去要好好地做啊！」

●故事主人翁簡婉平

法號慈恆。1938 年生於香港，長於中國，16 歲移民美國，54 歲皈依證嚴上人。早年經營房地產投資，曾擔任美國健康保險諮詢服務處志工、慈濟橙縣聯絡處和拉斯維加斯聯絡處負責人、美國分會慈善組社工組長。

67 歲開始學習中文打字，用生澀卻勤奮的手指，敲打出許多感人故事；活到老學到老的她又背起相機學攝影，用獨特的美感抓住無數個「剎那成永恆」，為慈濟留史。

獲頒重要獎章包括：1995 年榮獲美國聯邦政府頒發 CMS「全美榮譽志工獎」；2011 年橙縣食物銀行推薦獲頒「最優秀志工獎」；2014 年加州立法院頒發「志工精神獎」。目前是「幸福校園」幕後推手，致力讓南加州貧困學童擁有溫飽的幸福！

年少離亂又相聚

▲ 1937 年，新婚的父母與祖父（前排），以及二姊（後排左起）、兩位姑母、大姊、叔父。

▲ 1940 年，三歲的簡婉平和母親在香港。

▲ 1939 年，兩歲的簡婉平和母親在香港。

▲ 1955 年，與堂妹（前右二）搭乘威爾遜總統號赴美國三藩市。

▲ 1956 年，父親簡文光在美國芝加哥。

▼ 1957 年，芝加哥奧斯汀高中畢業照。

▲ 1956 年，芝加哥奧斯汀高中求學時期。▶

愛情的美麗與哀愁

▲ 1958 年，與鄧南圖在聖路易斯結婚。

▲小倆口到尼加拉瀑布度蜜月。

▲ 1960 年，鄧南圖取得麻省理工學院碩士學位，簡婉平也懷了第一個孩子。

▲網球是兩夫妻的共同興趣，簡婉平甚至一週參賽五天。

▲當年在網球俱樂部一起出征比賽的隊友，仍時有來往。

▲ 1963 年，帶兒子鄧陽光回臺北拜見太祖父（中）。

▼ 1973 年，與先生鄧南圖、兒子鄧陽光、女兒鄧美貞全家福。

▼ 1972 年，和表叔林家翹（中）、表嬸、表妹、女兒（前排）至迪士尼樂園。

▲ 1982 年，在杭廷頓海邊自宅後院，與兒子、媳婦、女兒合影。

▲ 1981 年，兒子鄧陽光與媳婦李寶珠結婚。

▼ 1982 年，與鄧南圖父母（中者）等家族大合照。

▲ 1995 年，與第二任丈夫祝咸仁結婚。

▲ 1999 年，與祝咸仁回花蓮參訪，於慈濟醫學院茶道教室。▼

▲母親晚年，珍惜
陪伴的機會。◀

▲ 2010 年，兒子鄧陽光五十歲生日，女兒一家人參與慶生。

▶ 2015 年，與兒子、女兒一家人出遊，孫女 Maris 和 Amy、外孫 Jon 和 Ian 陪伴戲水。

▲ 2016 年，大孫女 Amy 的婚禮。

▶ 2017 年，兒子、媳婦去夏威夷度假。

▼ 2017 年，女兒、女婿用餐合影。

◀ 1984 年成為 HICAP 志工，從主任蘇珊身上學習到如何接引志工。

▲ 1995 年獲得全美榮譽志工獎，為生平所得最高肯定。

▶在老人中心講解美國聯邦醫療保險。

▲ 1991 年，第一次回花蓮靜思精舍拜見證嚴上人。

◀ 1992 年，在李長科、李素清大兒子的律師樓一角，成立慈濟科斯塔梅薩聯絡處。▲

▶ 1991 年，至花蓮慈濟醫院擔任志工，與當時院長曾文賓合影。

▲ 1992 年，科斯塔梅薩聯絡處舉辦茶會，德宣師父、德旻師父和臺北資深委員前往指導。

▶送冬令物資予天主教會。

◀ 1992 年，到 S.O.S. 發放毛毯和協助打包食物。

▲ 1993 年，黃思賢（二排右五）捐出加州阿罕布拉市的住宅，設立美國第一家慈濟義診中心。

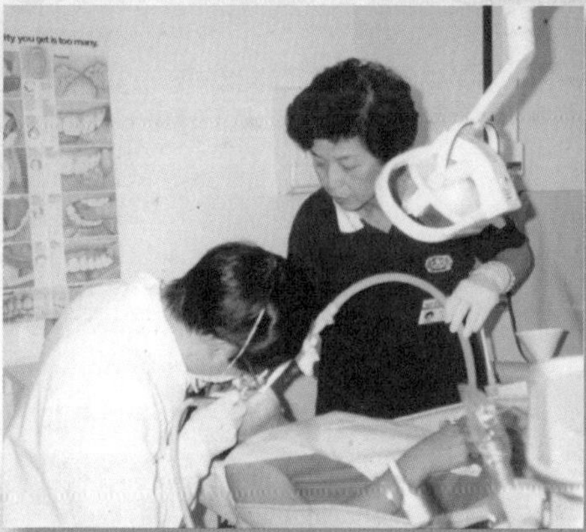

▲ 1994 年，擔任慈濟義診中心牙醫助理。

▶ 慈濟義診中心啟用後，提供家庭健康日諮詢服務。

▲ 1995 年，參加全美精進營隊，與德旻師父合影。◀

▼ 1998 年，走向唐人街商店張貼《靜思語》，推廣「好話一條街」活動。

▲美國拉斯維加斯的頂好超市老闆（中）和總經理帶頭響應慈濟做環保。

▲拉斯維加斯志工為 2004 年底發生的印度洋海嘯募款。

◀ 2007 年 1 月，拉斯維加斯志工參與「校園愛心背包」發放計畫。

▼ 2007 年 1 月，帶領拉斯維加斯志工回靜思精舍，請求上人祝福購買會所；遇見上人俗家母親（中坐）。▶

▲帶領拉斯維加斯志工團隊赴美國總會參加培訓營隊。

◀ 2007 年 3 月，拉斯維加斯新會所啟用。

▲ 2007 年 11 月，拉斯維加斯聯絡處成立五周年，邀請男高音張志成參與愛心宴。

◀美國總會手語隊於愛心宴中表演千手觀音。

▶ 2008 年，同為盲人中心服務的足科醫師馬瑞克，參訪拉斯維加斯聯絡處。

▲ 2009 年 1 月，關懷旅遊巴士車禍重傷的洪邦耀（著黃背心），被認作乾媽。

▼ 2009 年，為臺灣莫拉克颱風水患上街募款，天天時報捐支票護持。▶

▶ 2010 年，參與美國總會精進一日，與德悅師父、德宸師父等人合影。

▲ 2012 年，回花蓮參加全美精進營隊。

◀「幸福校園食物背包」計畫的「七老八十」志工團隊。

▲小志工學會尊重地呈送食物背包給需要的同學們。

▲ 2013 年，參與「幸福校園食物背包」發放的小志工。

▲邀請林肯小學學生組成愛心團隊，協助打包、維持發放秩序。

▶ 依蓮老師因「幸福校園食物背包」計畫認識慈濟，進而受證慈濟委員。

▲ 2017 年 10 月，回花蓮參加全美精進營隊，邀請墨西哥慈濟人文學校校長與老師同行。

▲ 2018 年 3 月 30 日，受邀至史博群中學擔任一日校長。

▲「幸福家園列車」啟動，史博群中學貧困家長前來領取食物。

◀ 2017 年，前往花蓮慈濟醫院做志工，與顏惠美（右二）等人合影。

畫出幸福彩虹

■一九八六年起，數度舉辦個人畫展，師友同來祝賀。

▲繪畫老師林卓琪。

▲繪畫老師唐大康（中）。

▲林卓琪老師與
畫友們。◀

簡愛

衣上征塵雜酒痕南
来無事不銷魂此身
合是詩人未細雨騎
驢入劍门
簡婉平

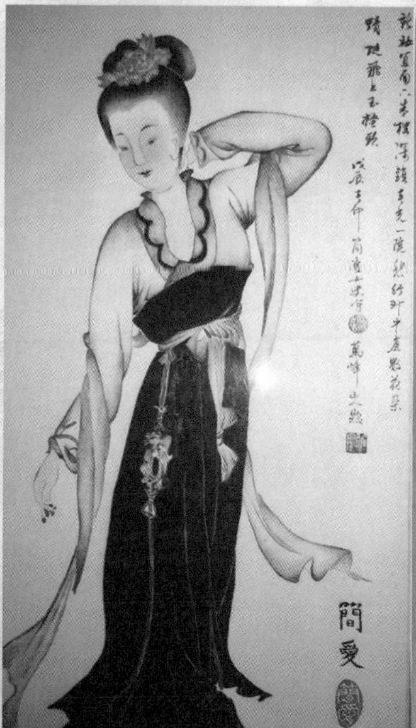
簡愛

簡愛

▼聖地牙哥海鷗自由飛翔　▲ 2016 年，家中前院的雲彩。

▲ 2016 年，黃山霧景。

▼ 2017 年，南美伊瓜蘇瀑布和彩虹。

▲加州的拉古納海灘落日餘暉。▼婉平自己的反影。

目錄

【序一】

兩隻老虎

◎鄭茹菁

慈恆師姊十六歲來美，英文呱呱叫，華語卻是麻麻地（粵語，意為不怎麼樣）。身為逃難的流亡學生，錯過了「之乎者也」的求學歲月，博大深遠的中華文化，於她而言是「有點懂又不太懂」，不過她說起華語卻很「經典」，每能造成噴飯「笑」果；為了彌補不足，她苦讀唐詩及陽明理學，只是對歷史人物偶有錯亂。

二〇〇七年，拉斯維加斯志工擬推舉慈恆師姊擔任負責人，她曾一度猶豫自己的年紀和體力不堪負荷，於是我開導她：「天將降大任於斯人也，必先苦其心志，勞其筋骨，餓其體膚，空乏其身，行拂亂其所為，所以動心忍性，增益其所不能。」慈恆師姊認真聽完，真心實意地問：「說得真好！是國父孫中山說的嗎？」

我們兩人的生肖都屬虎，她是忍氣吞聲的「紙老虎」，而我是張牙舞爪的「母老虎」。我倆相差二十四歲，原本是不同時代的兩種人，沒想到一場颶風把她吹進了我的生命……

早期，慈濟國際賑災嚴格限制年齡，三番兩次被拒於門外的慈恆師姊，開始對自己的「芳齡」感冒，當她得知自己被拒絕的原因是「超齡」，著實傷心了好一陣子。當美國境內發生卡崔娜颶風風災，不服老的她向全球志工總督導黃

▲ 2006 年，鄭茹菁與簡慈恆同遊亞歷桑納州的紅石小鎮聖多娜。

思賢力爭：「國際賑災嫌我老，國內賑災總可以去吧！」總算獲准前往休士頓賑災，得償心願。

當年，慈恆師姊與我同行前往德州，有機會「見識」到我做賑災報導，當我在電腦前施展「彈指神功」，她就會支著下巴很崇拜地說：「好羨慕哦！」我就鼓勵她：「你也能啊！學就會啊！」

沒想到慈恆師姊立刻拜我為師，放下身段當學徒。每當我因投入筆耕記錄而誤了用餐時間，怕我挨餓的慈恆師姊就代為打飯。想像七十歲的老太太，一手拿飯盒、一手端熱湯，用腳頂著門，顫巍巍地送飯給我，我立時感動到用眼淚泡飯，緊緊抱著她說：「這樣好了，從今天起，我就收你當『乾媽』！」

為了圓乾媽的夢，我從注音符號教起，她從拼音學起。當她一個指頭一個指頭慢慢敲打出中文，我忍不住在一旁笑彎了腰：「原來少林絕學『一指神功』尚未失傳！」

慈恆師姊剛學中文打字時，災難連連，我常在半夜接到求救的電話：「不見了！全部不見了！」原來是她思索著如何拼音，一個按鍵按錯了，就把稿子全刪了，她就這麼一次又一次重打。為了解決拼音緩慢的難題，她買了〈金字典〉，又買了「小蒙恬」手寫國字輸入，這才漸入佳境。

近年來，她又下功夫學「漢語拼音」。她是「活到老，學到老」的典範，興高采烈地趕上高科技時代！

發現慈恆師姊的英語優勢，我建議她主攻「採訪」。她按照指導，事先做功課準備材料，觀察人事時地物，問問題及引導受訪者透露資訊。她的第一個實務功課，就是採訪她最熟悉的人——我，當慈恆師姊花了三天三夜完成她的第一篇報導，並刊載在地方報上，大家都為她熱烈鼓掌！

學「拍照」是另一場災難，老人家拿不穩相機、抓不住快門的後果是失焦，看著那半片模糊，我不忍苛責，努力尋找優點：「你的構圖不錯嘛！學過美術嗎？」原來她曾經學國畫，還開過畫展，拍照的時候知道如何取景和留白。得到鼓勵後，慈恆師姊更加勤奮練習，拍了上千張相片才學會手不發抖，這次她弄清楚了歷史：「國父十次革命成功，我學照相都革命上千次了！」

雖然用心研究歷史，慈恆師姊卻還是對野史「濛嗜嗜」（粵語，不清楚之意）。自她與「拍照」墜入情網後，就四處旅行獵取鏡頭，走到哪裏拍到哪裏，然後 e-mail 給大家批評指教。

有一次，她去中國大陸峨嵋山禮佛，拍了許多佛教聖地的風光，我開玩笑回信：「請幫我問候滅絕師太！」滅絕師太是金庸名著《倚天屠龍記》的大反派，她在故事中的角色是峨嵋派掌門人，經過電視劇的演繹，滅絕師太可謂家喻戶曉的人物。

沒想到慈恆師姊竟真的去各個廟宇，逐一詢問峨嵋山的出家人：「請問您是滅絕師太嗎？」然後很抱歉地向我報告：「我問了好多人，可是都找不到滅絕師太……」e-mail 上的一干人等紛紛笑倒，見識了所謂「代溝」！

慈恆師姊待人慷慨，對自己的用度卻錙銖必較，每次加油都要找最便宜的汽油。有一次，我們開車前往鳳凰城參加「一日精進」，回程在半路找加油站，她去加油，我去洗手間，上車後我看到油錶未上升，很奇怪地問：「乾媽，你加油了嗎？」她低著頭小聲說：「加了，要開一下，油錶才會上升。」

直到我開了一小段路卻不見回升，她才承認自己只加了五塊美金的油，因為剛剛那個加油站的油太貴了，這時我看到高速公路旁的廣告看板標示：「距離下一個加油站還有九十二英哩」，窗外黃沙滾滾的沙漠接近華氏百度，但我的心已涼到結冰，難道我們要葬身在這片杳無人煙的荒郊野地嗎？所幸那輛車是「半油半電」型的，總算在「彈盡援絕」前，趕到下一個加油站。

其實，自從慈恆師姊的第一任先生英年早逝，她就是靠「省」字過日子，自己隨身攜帶水瓶，出遠門一定帶便當，喝咖啡不是老人特價的麥當勞，就是九毛九一杯的便利商店咖啡，身上背的包包不是慈濟牌，就是地攤貨，衣服穿來穿去就是那幾件。我們都尊稱她是「省」長，而如此這般的「省」長居然捐了三個慈濟榮董，真是不可思議！

一切的一切，只因為慈恆師姊愛慈濟、愛上人！當美國慈濟籌建義診中心時，為了節省往返時間，慈恆師姊的後車廂永遠帶著枕頭、棉被，萬一天色太晚來不及回家，她就在蒙諾維亞（Monrovia）當時慈濟美國分會的寮房打地鋪，直到義診中心正式營運。

後來，她因「女人昏頭」而再婚，第二任先生要求她：「以家為重，不要動不動就往外跑！」從此，她的後車廂永遠載著藍天白雲的制服，為了家庭幸福，只能偷偷做志工。

當我開始在慈濟舉辦「電腦班」，慈恆師姊向先生請假：「我要去慈濟學電腦」，先生也跟著來旁聽，並且表揚我：「教得很好！」

也許是卡崔娜颶風讓她近距離看到了眾生的苦難，也許是上人常說的「來不及」三個字令她震撼，她不想等到走不動那天再來後悔，所以開始鬧「家庭革命」，提出分居，爭取自由。

幾年後，先生不幸病倒，每月都要定時輸血小板及重複各項檢查，慈恆師姊一直接送照顧，長達三年時間陪伴進出醫院，往返在拉斯維加斯和加州大學醫院之間，獨自一人在十五號公路來回奔馳看顧，直到先生往生。

二〇〇八年是我的災難年，經歷了多次急診及兩次手術，慈恆師姊一直守在我的身邊。除夕夜，我因鼻大動脈暴裂被送入醫院，六位法親手忙腳亂守在床前，慈恆師姊拿著一個臉盆，一路接著我吐出來的血，一邊試圖止住我奔流不止的鼻血。

隨時隨地不忘紀錄工作的我，還虛弱地呼喚她：「凡走過必留痕跡！趕快照相留紀錄！」等到被送進加護病房，我怕自己大限將至，在病床上向她懺悔：「對不起！對不起！你那麼疼我，可是我總是那麼兇……」

後來大難不死，每當我故態復萌，慈恆師姊就拿我的「病榻懺悔」，當作孫悟空的緊箍咒，讓我動彈不得，而那張插著鼻管，左右手各傍著一位醫師喊：「耶！」的照片更是鐵證如山，提醒我收斂自己的霸道！

二〇一〇年，慈恆師姊搬家去了加州，正好趕上慈濟美國總會慈發室發動各分支聯絡點一起投入「幸福校園」計畫。透過慈恆師姊的筆耕和攝影，讀者看到了慈濟人耕耘「幸福校園」的點點滴滴，也為幾百名貧困學童提供一個又一個溫飽的週末。

此外，她還接引學校教職員及社會愛心人士，組成一個「七老八十」的大家庭，其中大多數是忠心耿耿、逢星期四和星期五就「每傳必到」的固定班底，他們都是七十至八十歲的志工，每一位志工都做得歡喜滿滿。

慈恆師姊用她皺紋滿布的雙手，在電腦上敲敲打打出許多感人的故事，以特有的藝術修養拍出許多充滿人文的活動照片，她把「抗戰精神」發揮到人文真善美課程，努力進修，用心向高手求教，電腦技巧在「銀髮族」中可稱翹楚，文稿及攝影為慈濟大藏經留下了許多寶貴的紀錄，「幸福校園」從此加倍幸福！

因為保守傳統，慈恆師姊安於賢慧的角色，她的廚藝雖被我評為「麻麻地」，但經過她的革命精神，志工屢以「一掃而空」的行動支持，如今已晉升「五星級」水準。我想，她必然在料理中添加了許多許多的愛，才能擄走大家的芳心。

這一路走來，慈悀師姊不忮不求、心寬念純，話雖不多，但以行動實踐，和她同行菩薩道，如沐春風，不僅我們樂在其中，也讓慈濟的愛隨風飄送到有情人間。

【序二】

吟著詩　邁向遠方

◎王純瑾

「你最近好不好？」電話裏傳來有點沙啞的聲音，不疾不徐，一聽，就認出來了，是慈恆師姊打來的，心中暗叫一聲「慚愧」，怎麼又讓慈恆師姊先打電話來？她是長輩，自己忘了向她問好，倒經常接到她老人家噓寒問暖的電話。

這就是簡婉平，我們習慣以法號稱呼她為「慈恆師姊」，人如其名，個性溫婉平和，承擔責任，做起事來恆心毅力，一點都不含糊。

認識慈恆師姊，是在她從拉斯維加斯搬回橙縣之後，記得是橙縣聯絡處歲末祝福時，有一段社區志工分享，老菩薩的故事多，自然就想請她分享慈濟心路，同時錄製一段影片。

還記得聽她說橙縣聯絡處的緣起，她當初如何因為一場慈濟茶會，一頭栽進慈濟二十多年，我聽得目瞪口呆，眼前這位老大姊，原來是聯絡處創始人之一，是第一任負責人呢！

她從家裏帶來一大本剪貼簿，剪報、照片、影印資料應有盡有，「你看，那時在科斯塔梅薩，在李長科師兄大兒子的律師樓成立慈濟聯絡處……」她輕柔地翻著泛黃紙頁，輕輕訴說著一頁頁被凝結的時光——有德慈師父、德宣師父親臨祝賀聯絡處成立的照片，有她開畫展的照片，有當時報紙刊登聯絡處成立的報導，鉅細靡遺，我不得不佩服這位老大姊，她在整理個人生

▲簡慈恆非常照顧後輩，王純瑾（中）也是她經常「噓寒問暖」的對象。

命故事以及留存慈濟史料上，果然不同凡響。

我靜靜聽著這個外表柔弱、內心堅強的老大姊說故事，偶爾，她回溯著人生經歷，第一任丈夫驟然離去，小女兒一夕長大；我很想知道，是怎樣的堅強，讓老大姊度過每一個日出日落？

遭逢喪夫之痛後，她在健康保險諮詢和宣傳計畫中心做志工，悲心的種子萌芽了，一做十年，精熟美國當地慈善系統的運作。

後來她加入慈濟，在拉斯維加斯聯絡處擔任負責人時，完成購買會所的艱鉅任務，推動「幸福校園背包」的慈善志業；二〇一〇年，她遷回橙縣，於橙縣聯絡處再度推動「幸福校園背包」，進而延伸至義診、課輔計畫，真正配合社區需要，讓慈濟慈善志業向下扎根。

用永續的精神把每一件事做得完完整整，絕對不打馬虎眼，這是她的處世態度。

最令人印象深刻的是，她在一次冬令發放的來賓致詞中，敏銳感受到聖塔安那市史博群中學校長史都華協助貧區學生的悲心，年近八十的她，事後主動聯繫、評估需求，風塵僕僕奔波於食物銀行、學校之間，終於促成為該校低收入戶發放蔬果食物的因緣，建立起今日的「幸福家園」計畫，令人佩服她的毅力與悲心。

她的學習態度是常人難望其項背的，出生於香港，中學時期移民來美，她聽不懂閩南語，為了了解證嚴上人晨語開示內容，她比別人早起一個小時，先閱讀上人開示的文字稿。

「還好我住在洛杉磯，時間比臺灣晚十六個小時，上人晨語開示的文字稿已經上傳網路。」閱讀文字稿，寫下重點，等到洛杉磯地區清晨五時三十分開始薰法香時，她就不會跟不上進度了。

使用電腦是現代人無論男女老少都無法避免的，對年長者而言，知其然不知其所以然是最大的困難，只要程序有點變化，無法觸類旁通時就卡住了。當她居住的社區開了電腦課，她很興奮地告訴我，以後每個星期可以學電腦了，有問題時，老師隨時在身邊可以請教，那神情，像是年幼孩子得知可以跟哥哥姊姊去上學似的開心，我看了不禁動容。現在，她的電腦功力已經很強，製作簡報、文件都難不倒她。

「生活不只是眼前的苟且，還有詩和遠方……」用做志工與勤學習交織的詩篇，慈恆師姊豐富了她的生命，跌宕起伏的人生經歷，均已化成資糧；她凝望遠方，步伐堅定。

【序三】

婉約平簡　慈之以恆

◎羅世明

人生中有一種很有趣的朋友關係，剛開始彼此不認識，只是常從共同的好友那邊，聽到對方的名字和種種事蹟，久而久之，雙方的形象就很鮮活地映在彼此的心中；直到某天因緣會合相識，就像是認識多年的好友一般，心的距離格外親近與感動。

這就是我和簡慈恆（婉平）師姊相識互動的過程，我們隔著太平洋彼此「神交」已久，迄今卻從未謀面，只是偶爾透過電子信件互動。這次慈恆師姊出版自傳，竟然邀請我為她寫一篇推薦序，讓我備感榮幸又極其意外，但也就恭敬不如從命了。

二〇一二年，我開始承擔美國慈濟社區大藏經文稿編輯、網路公開及文史記錄志工陪伴的工作。由此因緣，先認識了文思泉湧「一瀉千里」，卻常常剎不住筆結尾的拉斯維加斯人文真善美志工鄭茹菁師姊。

和茹菁師姊熟識後，常聽她分享當地種種慈濟故事和生活趣聞，漸漸地，她的「乾媽」——慈恆師姊這個名字，開始頻繁地出現在我們的對話中。

她跟我談到乾媽如何拜她為師，吃力地學電腦、寫文稿，並且誠意十足地尊重和呵護她這位老師；還有在她數度進出醫院、命在旦夕之際，又是如何悉心照料她，讓我對這位「乾媽」的慈愛和用心，充滿了無比的敬意。

然而，讓人難以理解的是，這些發生過的動人片段，只要是從她們這對默契十足的母女口中講出來，總是讓人在感動得快要哭出來之際，竟然又被她們弄得笑出了眼淚。

就連茹菁師姊因鼻大動脈暴裂出血不止，乾媽一邊拿著臉盆接吐出來的血，一邊推著她往急診室的那段驚天動地大悲劇，事過境遷，竟也變成她們母女倆茶餘飯後相互調侃的笑料，讓一旁的人見著總是哭笑不得。

後來，茹菁師姊透過 e-mail 介紹乾媽讓我認識，我們正式成為沒見過面的「網友」，我也開始看到乾媽寫得愈來愈好的慈濟大藏經文稿，並提供一些回饋。

二〇一三年正逢慈濟人文真善美志工成立十周年，本會文發處推動大家撰寫真善美志工的故事，每天在慈濟網站上刊載一篇。由茹菁師姊撰寫的〈說故事的人——簡婉平七老八十學留文史〉，描寫乾媽不服老，用心學習成為人文真善美志工的過程，是那一年極少數描寫海外人文真善美志工的故事，令人印象深刻。

其實，每每看到乾媽這種充滿愛心、勇於學習，又不服輸、不認老的

▲羅世明（右一）因工作關係認識了鄭茹菁（右二）和簡慈恆，經常提供她們文稿上的意見。

志工，我都會聯想起慈濟許多長者志工的身影。

九二一大地震後，我曾和三位志工一起認養南投國小希望工程影像紀錄，第一次向他們講解時，最年長的七十多歲志工聽著、聽著就睡著了，原本我對他不抱持什麼希望，但他後來自購攝影機，又把英文字當圖案背下來，學會錄影技巧，並且在希望工程紀錄完成之後，持續承擔慈濟影視志工。甚至幾年後，再交棒給兒子，最後兒子成為當地影視志工培訓的種子老師。反而是另外兩位年輕的志工，後來都因為工作等因素，而無法持續下去。

對我來說，乾媽這一輩——「小時候還不曉得地球是圓的」的長者，展現著一種後輩很難學習得到的偉大精神。

他們之中絕大多數人承受過戰爭、貧困、失學，甚至與親人生離死別的苦難，因此，當他們有餘力為別人付出時，總能將心比心，更貼近、更理解苦難人的需求，也更願意無私地付出他們的愛。這精神永遠值得我們後輩敬仰與學習，而乾媽正是其中的典範之一。

【序四】

人生的意義

◎簡婉平

「娑婆世界苦難偏多，虛空有盡我願無窮！」我這一生雖然失去許多，但我已學會感恩自己仍擁有的，尤其是年屆八十而身體健康，更是萬幸！證嚴上人苦口婆心告訴弟子：「修六度萬行，修無為法，轉識為智，回歸真如本性。」在慈濟菩薩道，我找到了智慧，學會了感恩，把失落的人生轉為有意義的、充實的和快樂的人生。

在人生的旅途中，我曾經以為自己可以完美度過，這是一九八三年以前的天真和無知，從來沒想過人生竟有「生老病死」的磨難，一旦悲劇驟然發生，我毫無選擇地趕上這堂「無常」的課程。

我的童年沒有洋娃娃或糖果、巧克力，只有居無定所的逃難。一九四一年，為了躲避日本人的攻擊而逃到中國大陸，流亡學生跑遍南方各省，邊逃難邊學習有限的國學知識，一直到十六、七歲都無法逃離亂世的紛亂。
一九四八年，奉父命返回香港，辦理美國簽證，赴美和家人團聚。等了三年，原本就基礎欠佳的中文被改造成「廣東國語」，這才打包搭船去美國，乘風破浪登上新大陸，從此開始學習英文，在美國度過了大半生。
這輩子糊里糊塗為愛情結了兩次婚，第一次守寡傷心欲絕，四十五歲的我領教到生離死別的無常，愛別離的痛苦。我到處尋找宗教的慰藉，曾經去天主教堂望彌撒，也去基督教會做禮拜，但是找不到心靈的幫助及尋求的答案，只能靠著做志工打發時間，熬過無數個無眠的夜晚，所幸走入慈濟，才終止了失去最愛的痛苦！
十四年後經人撮合再婚，當年雖有人不以為然卻沒說破，直到有一次，好友邀我坐在前排聽演講，主講人突然問聽眾：「你們知不知道『婚』字怎麼解？其實就是女人昏了頭去結婚啦！」我知道他是說給我聽的。
難道這是我必須償還的情債嗎？我看過很多禪書，從中領悟到人生不過是一段旅程，猶如坐在同一節火車廂中去旅行，到站後有些人要先下車，也有些人因緣具足趕上這車廂的行程。無論什麼人上下車都是平等待遇，火車依然向前進，開向無止境的未來。

當時的我沒有薰法香，沒有接觸到證嚴上人的法，不了解「塵點劫」當中，人的壽命有成、住、壞、空。我們是凡夫，不懂得佛的真理，所以當我失去摯愛的先生時，整整失落了三年。

有幸的是，我走進了慈濟的門，有福氣能夠找到一位良師。薰了法香後，我從佛法中得到慧命；學了佛法後，明白了一切「有為法」，都是因緣果報的造作，和愛取有的輪迴。

我常常想，人生的意義到底是什麼呢？聆聽上人三十年的開示後，法已經深入在我的骨髓。當境界來臨時，我彷佛聽到上人的聲音在耳邊說：「這是測驗你修行的時候，必須要忍耐、放下。」我很驚訝自己竟然能夠做到。

有一位善知識在數年前對我說了許多次：「你再不修慧就來不及了！」

過去我從沒有思考過什麼是智慧，近年來多讀經書，每天早上薰法香，聽上人開示《靜思妙蓮華》，我終於找到了智慧的門，也找到了「人生的意義」。

一九九五年，認識第二任丈夫時，他曾經出題目考我：「人生的意義是什麼？」當時我給他的回答是：「我曾經為社會奉獻過，我的人生沒有空來一回。」婚後，丈夫要我以家為重，限制我做志工，因為感到時日無多，再不把握機會付出，就來不及了，於是我鬧家庭革命，爭取服務人群的機會。

二十多年後的今天，我又問自己同樣的問題，答案是：「人生的意義就是愛灑人間，行孝及行善皆不能等待，不要等到『來不及』的那一天！」

私心盼望時光能倒流二十年，讓我做更多有意義的事。年輕的時候，真的要好好珍惜，恆持剎那，在社會中留下美善足跡！

感恩上人創立慈濟宗門，提供這麼好的道場，讓我們去行菩薩道。感恩常住師父和法親們的陪伴，讓我在慈濟路上找到了心靈的家，充實了我的人生，我這一生沒有遺憾了！

【人生開講一】

流離歲月

芒草交錯，抱頭亂竄，
人與炸彈爭道，生死一線間，
逃難赴彼岸，生死兩茫茫。

母女相依，望穿秋水，
汗水與淚水齊飛，兩岸路迢迢，
稚女留香港，惟有淚千行……

神農簡氏，赴美開荒

農忙時節，簡文光赤腳踩在田埂上，跟著族人趕在飛機轟炸之前搶收稻米。操作農務的大人汗流浹背，而不識愁滋味的小孩卻在田邊玩耍，他們快樂地哼唱著兒歌，田溝裏有吸人血的水蛭，破舊的四合院是捉迷藏的好去處。即使日本軍機劃破藍天白雲而來，炸彈如雨點般落下，他們也是歡天喜地隨大人抱頭鼠竄，逃難於孩童而言，彷彿只是另一種遊戲！

日本侵華之初，廣東省中山縣的簡家，一如既往勤懇耕種、不問世事。然而，一顆丟在門口的炸彈，讓簡氏族人驚覺事態嚴重，意識到過去改朝換代只不過是換個皇帝，而今卻有亡國之虞，於是召開家族會議設法自救。

簡氏族人有意選一個有能力在外地生存，又有責任顧念老家的年輕人，出國另闢天地，最後挑上了吃苦耐勞、老成持重的簡文光，遠去美國、海外留根，並要求他賺美金回家鄉養家。當年日本皇家將農家的糧食視為「皇糧」，動不動就無償徵收，簡家早已無力養活一家老小。

兵荒馬亂的時代，簡文光奉父母之命，很早就娶妻育有二女。他奉命隻身離家去美國，留下妻女三人在老家鄉下守著祖宅、照顧老人，他的妻子無力反抗家族的命令，只能心慌意亂地流眼淚。她心中有幾百個問題卻不知從何問起，美國究竟在哪裏，可不是她這個婦道人家說得清楚的，她只能哭倒在丈夫懷裏說：「你可不許在美國討姨太太！」

一句英文都不懂的廣東仔簡文光就這麼乘風破浪而去，經過一個多月海上漂流的日子，聽了水手講述的世界天文地理，這才知道自己居住的這一大片土地竟然是圓的，美國就在「地球」的另一邊，另一邊住的人長相、語言迥異，雖不是青面獠牙，卻是金髮碧眼。這時的他悔青了腸子、吐光了綠色的膽汁，開始後悔當日的抉擇。

當人們看見新大陸而大聲歡呼，簡文光只能祈禱美國的「另類」可以賞口飯吃。上岸後，移民局依照他的「專業（移民表格填寫的專業）」，將他分配到「傻瓜饅頭（加州首府Sacramento）」做農夫，教導當地人耕種技能。

簡文光聽到「傻瓜饅頭」這個地名還有幾分竊喜，至少還有饅頭吃，不致於挨餓，沒想到人家不吃蒸的饅頭，而是烤的麵包，而且美國人也不是傻瓜，反而是聽不懂美國話的簡文光有時像傻瓜一樣，惹人訕笑！

雖然剛開始語言不通，雞同鴨講鬧了許多笑話，但久而久之也就漸入佳境了，高頭大馬的洋人對勤快的東方小子也讚不絕口！

美國地大人稀，土地大多荒廢，除了耕種技巧不如以農立國的華人，好逸惡勞的本性也讓洋人遠離了農耕的隊伍，致使肥得出油的良田長滿野草，所以美國政府給予農耕者許多優惠條件，鼓勵大家赴西部開荒，也大開國門歡迎有農業知識的新移民。簡文光就是搭上了這個政策來到美國。

初來乍到，簡文光發現西方的機器雖然先進，可是操持農務的人欠缺經驗，他因過去長年務農而熟讀「農民曆」，耕作順著節氣走，幹的活每能收「事半功倍」之效。簡文光的語言能力無法解釋前因後果，他以自己的經驗帶著洋人幹活，當一次又一次「預言」成功，終於贏得洋人的尊敬，把他當作「神農氏」般言聽計從！

在美國農耕的那幾年，簡文光發現農場買東西都不用付稅，甚至鋪設地下水管或引流河水之類有利農耕的事，都可以向政府申請經費，最多支付材料費的半價而已，政府還負責免費安裝。這些都是簡文光在中國社會作夢也想不到的好事，他的眼界從此開闊了。接著他又發現，美國政府要求農民買保險，萬一遇到天災人禍、收成欠佳，就能向保險公司申請理賠。

簡文光第一次聽說有「買保險」這回事，知道農作物歉收還可以得到理賠，真是匪夷所思，但感覺美國政府比中國政府更貼心照顧農民。他把這些東西差異都寫進家書，鄉親每讀他的信都像是讀「天方夜譚」的故事，大家面面相覷，不能理解洋人到底是怎麼想的？

簡文光在農場包吃住、工資算是優渥，但因為美國遍地是黃金，到處有機會成功發財，願意到此工作的年輕人如鳳毛鱗角，簡文光的洋人同伴像走馬燈似地換個不停，唯有他如如不動，農場主人更是加倍看重他的穩定性。

農場工作不難也不複雜，但是瑣碎的工作很多，簡文光從早忙到晚，日子倒是很好打發，所幸在美國農場中的重活、累活都靠機器，比在中國耕種輕鬆許多。簡文光努力工作、存下的錢悉數寄回老家，春去秋來，時間一年又一年過去了。他學會了英語，穿上了西服，農場的雇主及同伴都喜歡和他做朋友，偶爾也會有漂亮的洋妞對他拋媚眼，但他都如柳下惠般坐懷不亂，謹守自己對妻子許下的諾言：「絕不會在美國討姨太太！」

簡文光在美國看著「比故鄉圓的月亮」想念妻女，除了幹活就是觀察，希望能汲取經驗、早日衣錦還鄉。他曾經想過買農場自己當家，但是，政府雖提供貸款給農民購買農耕器械，卻不能向政府申請貸款購買土地，最後因為沒資金而作罷！

移民一段時間後，簡文光觀察到餐館生意日進斗金，開餐館的資金遠比開農場少很多，便決定改行。早期華人移民美國謀生，為聯絡彼此感情，分享家鄉消息，通常都會定期聚會一解鄉愁，唐人街的中餐館應運而生，簡文光決定朝「開餐館」創業的目標前進。

簡文光從打雜做起，每週七天打工，每天起早摸黑幹活，白天被廚師吆喝、廚子使得團團轉，切菜抓碼掃地洗廁所，沒得一刻閒。晚上睡在又油又髒的小房間，簡文光不只一次流下男兒淚，但為了養活家鄉那一大票人，他咬著牙撐下來了！一封又一封包裹著銀兩的家書越過太平洋回到家鄉，簡家人還以為簡文光在美國當大老闆呢！

意外情書，另結姻緣

經過不斷地努力，簡文光終於在芝加哥成功開了兩家中國餐館，靠著一貫的勤奮，他比人家早開門、又比人家晚收攤，生意愈做愈紅火，不僅按時寄錢給妻女養家，還長期供養著遠親大小族人，贏得鄉親的敬重。

簡文光距離衣錦還鄉的日子愈來愈近了。這時，堂弟簡文獻也到了美國留學，但家裏無法供應而面臨輟學，簡文光不忍見他半途而廢，於是伸出援手，沒想到這個義舉竟為日後的生離死別種下善因，救了簡家的後人。

一九三七年，簡文光攢夠了路費，終於能夠返鄉探望妻女，三個星期的船期波濤洶湧，心裏起伏的全是妻子的姣好容顏及美麗倩影，多少年來他潔身自愛，一眼都沒看過別的女人，他相信妻子也應該冰清玉潔，守節等候自己的歸期。

好不容易回到家，東方女子不若西方女子熱情，見面的那一刻既沒有擁抱，也沒有親吻，她只是靦腆地、不知所措地站在眾人之間。

他在家的日子，她忙著蒸煮煎炸做吃的。他去廚房跟著她的忙碌團團轉，她羞紅了臉，把他趕回去臥房休息。他閒來無事，便翻閱家裏的雜物。

年關將近，他想找幾件過年穿的衣裳，便逐箱翻找自己的舊衣物，沒想到在箱子底竟保留著，陌生的筆跡寫給妻子的一封信。

簡文光顫抖地打開書信，意外發現妻子竟在箱底藏有男子寫給她的情書，雖然只是「窈窕淑女，君子好逑」的含蓄文字，但是簡文光氣壞了；他雖有魄力赴美經商，但骨子裏仍是非常保守傳統，他認定妻子有失婦道、不可原諒，立刻就把妻子給休了！

當年之事究竟誰是誰非，如今已不可考，只知道簡文光的妻子被休之後，並沒有被他趕回娘家，仍是住在簡家鄉下老家。

前妻生的兩個女兒留在簡家，在那個保守的舊年代，沒有人敢為下堂妻說話。休妻之後，簡文光的親友考慮到簡家不能沒有女主人，因此做媒為他介紹蘇州人李蕙蘭，她比簡文光小了十五歲，只比他前妻所生的兩個女兒長了幾歲。相親之前，李蕙蘭就知道自己一進門就是兩個孩子的媽，而且丈夫會去美國經商，年紀輕輕就得照看一大家子。

他倆在北京相親，李蕙蘭偷眼觀察眼前這個三十多歲的「老華僑」，那是她身處亂世的父母特意託人尋來的「海外關係」。她答應去相親原本只是認命而已，但在看到他的那一刻，她看到的是為家人犧牲奉獻、付出無所求的好男人，她心甘情願為這個好男人打理中國的家。

沒多久，雙方家長就決定閃電結婚，地點選在香港。簡文光帶著前妻生的兩女兒一起前往，婚後李蕙蘭很快就懷了孕；不久，中日宣戰，簡文光的美國護照也即將過期，只好放下大腹便便的妻子，獨自折返美國。

當時約定會「盡快」來接她們赴美團聚，要妻子安心在香港待產，誰會想到此去經年，夫妻竟被分隔兩地長達十三年之久。

寧為雞首，不為牛後

中日宣戰前後，中國內有天災，外有人禍，戰亂中的老百姓，無力養活一家老小，聽說新興起的美國歡迎新移民，便成群結隊趕赴金山「淘金」，期待有朝一日能衣錦還鄉，落葉歸根，這些老華僑其中九成來自中國廣東，簡文光也是其中之一。

追溯到一八五〇至七〇年間，美國需要大批勞工，赴美工作的華人在勞力市場占有一席之地，但由於語言、膚色、生活習慣各異而備受排擠；華人刻苦耐勞、任勞任怨、不惹事生非等優點受雇主歡迎，但在其他工人眼裏就是「不合作」的怪胎，常無故遭人攻擊或傷害。

一八七〇至八〇年間，聯邦政府與各州政府以不平等法條對待華人，華人上法庭不准答辯、只能從事勞力行業、不通婚、不准申請入籍成為美國公民等，甚至返鄉探親的華人不准再度入境回美，讓在美華僑人人自危。

受限於美國境內「排華法案」的通過，旅居美國的華人不敢貿然返國。簡文光考慮到這些嚴峻的法律，擔心自己若是返回香港接家人，他在美國打下的基礎將毀於一旦，因此，自香港別了妻兒就沒敢再回中國，他對妻子及女兒的印象，都是靠逐年寄來的照片勉強維持記憶，誰也不知道今生今世是否還能再相見？

簡文光及鄉親一群人在中國城內生活，各自從事洗衣業、雜貨業、餐飲業及車衣業等工作。鄉親中有人投入洗衣業，因為不用太多本錢，只要買兩個熨斗、幾塊肥皂，再租一個店面，就可以開業了。

到美國打工的人，誰沒有篳路藍縷的心路歷程呢？誰不是含著眼淚、餓著肚皮，省下每一分錢寄回老家？「當老闆」既可以滿足華人「寧為雞首，莫為牛後」的心理，也可以寫信回家自稱「老闆」，給老家的親人臉上貼金，最大的好處就是不用和白人打交道，免除了被歧視、排斥或攻擊的危險。

可是簡文光志不在此，他比較喜歡開餐館。他聽說過一個故事——十八世紀，李鴻章被慈禧太后派去美國紐約，有一天晚上辦事誤了晚餐，別家餐廳都因為時間太晚而打烊了，只有勤奮的中國餐館願意為他開門，因為廚房沒有足夠的食材，所以隨意用蠔油快炒出一盤色香味俱全的菜餚，飢腸轆轆的李鴻章讚不絕口並追問菜名，因是匆忙將各類菜餚切碎混炒，故命名為「雜碎」，從此揚名美國餐飲界。

這個故事帶給簡文光一個啟示，只要努力，逮到機會便能成功，他希望有朝一日能讓美國人對中國料理另眼相看。雖然辛苦，但是收入頗豐，這時愈來愈多鄉親循線尋來，簡文光接濟的親友愈來愈多了！

「身在曹營心在漢」的簡文光一直掛念著老家的親人，身體回不了家，銀兩總得送回家去吧！

聰明的華人想出自己的辦法，早期中國城的雜貨店比如今的便利商店更便利，凡是客人要求的業務都做到「使命必達」！除了販賣東方人喜愛的日用品之外，店主還幫助華人收發信件、讀寫家書，提供華人在休息日到此閒聊聚會；雜貨店也扮演銀行的角色，幫忙華人保管積蓄，協助華人匯款回中國老家，從中只收取一點點手續費，大家彼此信任，彼此照顧；民以食為天，想家的時候最想念家鄉的口味，雜貨店開始賣鹹鴨蛋、鹹雞蛋及豆腐乳等東方食物，有人從家鄉運過來，有人去撿野鴨蛋，或去商店買雞蛋泡鹽水，在美國自製鹹鴨蛋及鹹雞蛋，如此這般也為大家解了饞！

在「中國城」牌樓下討生活的華人，兢兢業業求生存，因為受限於語言能力及社交圈，他們得到的訊息大多數是「慢半拍」的。

當年，美利堅合眾國在輿論及排華聲浪中，通過了「一八八二年的排華法案（Chinese Exclusion Act of 1882）」，之後又通過許多歧視及排斥華人的法案，直到第二次世界大戰尾聲，中美兩國並肩作戰，才打破近百年的排華僵局。經過整整一年的拉鋸，二十多次的國會辯論，終於在一九四三年通過廢除排華法案，不再限制華人返鄉的自由。然而，瑟縮在「中國城」牌樓下的華人卻不知情，他們不知道華人的地位已獲得改善，過了好多年，簡文光才確定自己趕上了這個好時代。

母女相依，顛沛流離

一九三八年，中國仍處於兵荒馬亂的戰禍中，從美國返回中國探親的簡文光，因護照即將過期，不得已在香港放下了兩個女兒及臨盆在即的妻子李蕙蘭，獨自折返美國。簡婉平在東方之珠的香港呱呱墜地，響亮的哭啼聲預報了她流離顛沛的一生。簡婉平生在日本侵華的亂世，父親與母親在香港結婚後，父親返回美國經商，母親在香港親戚家待產，沒想到一年又一年過去了，父親都沒辦法回來接她們，寄人籬下的母女四人不知如何是好！

當年落在廣東省中山縣簡家門前的一顆炸彈，改變了簡文光的命運，離家去了美國；如今落在香港樓臺的另一顆炸彈，又改變了簡婉平的命運，決定告別香港回中國。

簡婉平出生以來，和母親在香港住到一九四一年，因為日本艦隊在年底突襲美軍基地珍珠港，太平洋其他地區的日軍也四出攻擊，中日戰爭愈演愈烈、人人自危。簡婉平母女決定接受親戚的建議逃難回大陸，至於要逃到哪裏去，她們只能過一天算一天，直到父親返鄉接人。

作為一家之主，母親李蕙蘭必須「拿主意」，首先考慮到前妻生的大女兒體弱多病，不堪逃難的旅程折磨，決定將她送回廣東鄉下老家，然後帶著三歲的簡婉平及二十五歲的簡潔馨（前妻的二女兒）東奔西走，跟著逃難的隊伍上山下海。幸好簡婉平從小就是個健康的小孩，兩條小腿跟大人跑得一樣快，別人家的小孩進了防空洞就啼哭不止，她卻像個小大人似的屏息閉嘴，知道如何配合保命。

漫無目地跑了幾個月以後，李蕙蘭感覺不是辦法，如此這般居無定所，丈夫如何找得到她們？她想到了在貴州公路局擔任局長的簡文獻，他是簡文光的堂弟，求學時期因家境不好曾求助於簡文光，李蕙蘭鼓起勇氣帶著兩個女兒趕赴貴州省，輾轉走到貴陽投奔簡文獻，一住就好幾年。

簡婉平在貴陽的國民小學上課，學了一口四川話；簡潔馨在貴陽做公務員，認識了她的另一半，擔任公路局站長的張梅修，生了一兒一女。幾年後，張梅修奉派到長沙和柳州任職，簡潔馨也帶著一雙兒女隨同前去。

八年的逃難歲月中，簡婉平就像漂浮在亂世的浮萍一樣，過著沒有根的日子，隨時都在憂慮「明天又要搬家」。一九四八年，母女兩人暫住柳州簡潔馨家，當時張梅修又被派回貴陽，簡婉平聽到大人在討論應該去貴陽，還是回香港申請簽證去美國？

李蕙蘭選擇南下，帶著簡婉平去香港；簡潔馨決定北上，帶著兒女去貴陽找丈夫。沒想到當年的家庭會議，竟是一家人命運的轉捩點，決定了姊妹兩人後半生的幸福。簡潔馨決定跟隨丈夫去貴陽，是考量到丈夫的職位，讓全家可以躲在國民黨的保護傘下。豈料人算不如天算，國民黨不久後撤退臺灣，轉由共產黨執政，張梅修被清算鬥爭，連累全家受苦，簡潔馨及兒女在貴陽住了一輩子，苦了一輩子。

而簡婉平在母親的選擇下，從香港到了美國，在新大陸展開了新人生。姊妹從此南轅北轍，數十年不得相見，直到老年淚眼相對，簡潔馨拉著簡婉平的手說：「當年一念之差，人生竟有天淵之別，這一切都是命！」

李蕙蘭因配偶身分，率先在一九五〇年得到批准前往美國，當時的她先是傻了，後是半瘋狂狀態，相依為命十二年，要她丟下女兒先去美國，簡直是要她的命！奈何形勢比人強，李蕙蘭在家人的勸導下不得不走，十二歲的簡婉平沒有發言權，只能眼睜睜地送走母親。母親赴美後，簡婉平留在香港，平日在協恩女子中學住宿，只有週末才前往親友家小住。

這一等又是五年，一九五五年簡婉平才取得簽證，六月搭乘「威爾遜總統號」客船前往美國。

當時，十七歲的簡婉平和十一歲的堂妹簡潔平結伴同行，潔平的親戚要求她「帶東西」到美國，包括茶葉及首飾，兩個女孩全身戴著珠光寶氣的首飾，和同船的大哥哥們混得很熟，玩得很開心，一點都不擔心會被打劫，所幸一路平安。

兩人傻呼呼地橫跨大西洋，穿越金門橋，終於登陸美國加州三藩市。幾天後，兩個女孩又糊里糊塗被安排交通轉運，抵達芝加哥城。

這是簡婉平第一次見到她的父親和兩歲大的小妹妹簡婉美，父親講了一口她聽不懂的臺山話（粵語方言之一），只見承歡膝前的小妹集父親寵愛於一身，她突然感到寂寞，發現自己已然置身一個陌生的國度，今後要面對的恐怕是比逃難更艱辛百倍的人生！

【人生開講二】

婚姻與宿命

話別，灑一把香灰，
向藍天依歸；
滿懷一夜心事，
在波光粼粼中爭輝。

墜情網如枷鎖上身，
揮慧劍斬情絲，
天地遼闊任自由，
心寬念純伴一生。

非卿不娶，非君莫嫁

簡婉平十二歲那年，門外的弄堂來了一位「鐵口直斷」的相命師，他對著簡婉平的臉細細端詳許久，嘆了一口氣，吩咐家人：「這女孩的婚姻多舛，千萬不可早婚。」當時簡婉平年紀尚輕，婚姻言之尚早，因此沒有放在心上。

從香港協恩女子中學畢業後，等待美國簽證及護照批准期間，簡婉平住在一位遠親姑媽家。這位姑媽管教十分嚴格，不允許她交男朋友，滿腦子封建思想，總是灌輸她做人道理及貞潔觀念，要求她學做家事。

乾姊陳鳳姬見正值二八年華的簡婉平，總是形單影隻，非常同情，便想為她介紹男朋友。乾姊千挑萬選看中鄧南圖，感覺他家世、學識、人品均屬上乘，只是眼光很高，擔心作媒不成，反而傷了簡婉平，因此把簡婉平的照片，混進一大堆女生的照片，一起送去給鄧南圖，請他挑選一個最喜歡的，他一眼便相中了她！

乾姊深知簡婉平來自保守家庭，如果直接說幫她介紹男朋友，肯定會被一口拒絕，便設計了一個「善意謊言」，邀請簡婉平參加自己的生日派對，當然，鄧南圖也是座上賓，讓兩人很自然地認識了。

鄧南圖很神氣地騎著摩托車赴約，餐後邀請簡婉平坐上摩托車去兜風，原以為膽怯的小女生會緊緊摟住他的腰，沒想到她一點兒也不害怕，反而是隨風飄曳的長髮擄走了他的心。

有好幾次，簡婉平坐鄧南圖的摩托車去大霧彌漫的太平山看風景，此舉在當時算是相當時髦的「談戀愛」了，羨煞了同齡的小女生。

有一次，小倆口上山看風景，突然下起傾盆大雨，只好共撐一把傘坐在山頂，滴滴答答的雨聲，彷彿為兩人奏起浪漫雋永的樂章……

此去六十年，兩人先後離開香港、在美生根，記憶中的音符被埋藏在內心最柔軟的角落。直到幾年前，簡婉平和好友結伴同遊，坐船到香港停留兩天，當她再度登上山頂，雨聲恍惚又回響在耳邊，令人觸景生情、感慨萬千！

如今，香港高樓大廈林立，包圍了整座太平山，昔日馳名於東方之珠的山頂，早已是遊客、攤販滿天飛，哪裏還有風景可看？遊客忙著瘋狂採購名牌商品包裝自己，往日優雅的山頂早已隨著歲月沒入歷史，簡婉平也隨著宇宙萬物的變遷而紅顏老去，體會到佛法所說成、住、壞、空的法則。

一九五五年春天認識鄧南圖，簡婉平當時心想，自己再過幾個月就要去美國與父母團聚了，不認為這段感情會開花結果。然而，鄧家人卻另有想法，他們想藉由簡婉平的「海外關係」，栽培鄧南圖。

來自書香門第的鄧南圖是福建人，祖父和父親都是教育家。祖父鄧萃英啟蒙於全閩師範學堂，稍後進入日本東京高等師範學校讀書，畢業後又到美國哥倫比亞師範學院深造；曾與林覺民等人一起參加同盟會，擔任過東京同盟會福建支部長。

辛亥革命後，鄧萃英回閩執教，任福州師範學校校長，國父孫中山曾到福州特別接見鄧萃英，鄧家祖父當年起誓：「此生願遵守同盟會誓約精神，專心從事教育。」一九二〇年，轉任北京師範大學校長，一九二一年起又陸續擔任福建廈門大學校長、河南大學校長、福建省督學、教育廳科長、教育部首席參事、次長、河南省政府委員兼教育廳長等行政職務。

隨軍撤退臺灣後，鄧萃英仍從事教育工作，一九五〇年初期，他向教育部提議把六年國民義務教育延長至九年，被推崇為「當代儒宗」和「新聞學」的代表人物，一九七二年在臺北病逝，至今仍有一幅全身相片掛在國立師範大學，供學子瞻仰。

鄧萃英膝下有五子二女，大兒子鄧健飛（鄧南圖的父親）在中日戰爭期間擔任北京鹽務局長，後來國民黨撤退臺灣，他先後擔任香港中文大學及臺北東吳大學經濟系系主任。二兒子鄧健中是鄧家僅有的軍人，中日戰爭曾奉命守南京城堅持不投降；後來，又被派去緬甸打仗，直到一身傷與病才從戰場退出，成為唯一沒有離開大陸的鄧家人。三兒子鄧昌明是中央信託局長，一直在銀行界服務。四兒子鄧昌國是臺灣有名的小提琴家和指揮家，創立臺視音響樂團，兼任國立臺灣藝術館長、國立藝專校長，推動臺灣從事國際文化藝術交流。五兒子鄧昌黎是有名的科學家，一九二六年生於北京，畢業於北京輔仁大學，一九五一年獲美國芝加哥大學物理博士，一生獲獎無數，美國物理學會（APS）頒發給他「羅伯特．威爾遜獎（Robert R. Wilson Prize）」，以表彰他在粒子加速器方面的傑出成就。

父執輩才能幹濟，鄧南圖也負有光大門楣的使命。鄧家母親經常拉著簡婉平的手，告訴她：「等鄧南圖申請到赴美進修的簽證，一定要去拜你父親當乾爹，好好孝順他老人家。」簡婉平只感覺老人家非常親切，絲毫沒有推敲這句話背後的弦外之音，既是「女朋友」，認乾爹豈不是多此一舉嗎？

其實早在一九五五年二月，簡婉平即已獲知自己將在六月前往美國，鄧南圖卻因為羅患砂眼被移民局打了回票。當時，簡婉平並不看好認識短短四個月的「朋友」，也沒有「非君莫嫁」的打算；然而，鄧南圖「非卿不娶」的堅定很讓她感動，赴美前夕，他深情款款地對她說：「你就是我尋尋覓覓許久，燈火闌珊處的那人！」

學生夫妻，患難與共

一九五五年六月出發，簡婉平如期登陸美國，七月抵達芝加哥與家人團聚。抵美之後，簡婉平發現美國既非天堂，也沒有遍地黃金，等候她的只有挫折與考驗。九月，十七歲的她再度進入中學，除了學業上頗感挫折，家庭也不如想像中溫暖。初相見的父親高高在上，以夫為天的母親唯唯諾諾，兩歲的妹妹被寵得無法無天，教簡婉平有苦無處訴。

久居異鄉、高齡六十的父親，臨老才有女兒養在身邊，因此將漂泊一生、無處表現的「父愛」，全數灌注在這個小女孩身上，簡婉平只能含著眼淚力爭上游，克服語言障礙，取得學業上的成功！

同年秋天，鄧南圖突然出現在芝加哥簡家。原來，他在簡婉平離開香港後，不到一個月就取得美國留學生簽證。原本，他打算到南加州念兩年書就返國就職，當時盤算著，留學鍍金後回香港，就可以謀取每小時十二元的高級職位。

鄧南圖於九月初前往加州一家航空專科報到，始料未及的是，當年的南加州普遍存在種族歧視，他想在學校附近找住處，沒想到走遍衛斯特闕斯特（Westchester）、英格塢（Inglewood）及洛杉磯等地都四處碰壁，房東堂而皇之地開口拒絕說：「我的房子不租給黃種人。」足見五〇年代的美國，種族歧視的嚴重程度。

當時頗具名望的加州理工學院（Cal Tec）航空權威學者錢學森和林家翘博士，雖在國際科學界有卓越貢獻，仍在美國受過歧視的委屈。據鄧家表叔林家翘透露，兩位學者曾想在加州理工學院旁邊的帕薩蒂那（Pasadena）購屋定居，卻雙雙被美國屋主拒絕，理由是「不賣屋給東方人」。

兩位博士頗感無奈，最後，前者返回中國，在中國各大學的太空航空系為國家培養科學人才；後者搬遷到波士頓，先擔任麻省理工學院榮譽系主任，後來接受北京清華大學聘書到該校執教。

不知道是鄧南圖找藉口，或者真的不堪加州種族歧視的折磨，毅然轉學到中部的派克斯學院（Parks College），然後僕僕風塵地到芝加哥找簡婉平，也等於是向簡家二老公開宣稱：「婉平的男朋友追到美國了。」才分別幾個月的鄧南圖及簡婉平相見恍如隔世，千言萬語竟不知從何說起。

一九五六年，簡婉平從芝加哥的奧斯汀高中（Austin High School）畢業，申請就讀西北大學（Northwestern University）。一九五八年，派克斯學院併入聖路易斯大學（St. Louis University），鄧南圖就讀航空工程系。

簡婉平在大學展開新鮮人生活，當時有很多社團對這位東方美女趨之若鶩，學長們也對小學妹展開熱烈追求，弄得鄧南圖非常緊張，花大本錢「一百美元」買了一部二手車，從東路易斯市開上六十六號公路到芝加哥探望簡婉平，如此往返三年，小倆口感情日深。

鄧南圖一邊維繫感情，一邊保持優良成績，畢業時得到 Summa Cum

Laude（拉丁文，意思是最高成績獎章）的特別獎學金，被麻省理工學院錄取去波士頓念航空和太空科學，做「風洞（Wind Tunnel）」及「彈道範圍（Ballistic Range）」研究。

臨行前，鄧南圖意識到波士頓與芝加哥距離遙遠，沒辦法經常探望簡婉平，便要求她不要去參加社團，不要與其他男生約會，簡婉平覺得不公平而抗議：「你對我百般約束，我怎知你沒在波士頓和別的女生約會？」

為了安撫佳人，鄧南圖決定提早迎娶簡婉平，兩人在一九五八年七月攜手走向紅地毯。簡婉平動身前往波士頓之前，父親命令她把所有男性朋友的相片和書信全部留在芝加哥娘家，為她保管這包「祕密」，直到鄧南圖往生，父親才把這個塵封四分之一世紀的「祕密」交還給她，可謂用心良苦。想當年，父親為了前妻藏在箱底的一封情書而休妻，他一定不希望自己的女兒重蹈覆轍。

婚後搬遷到波士頓，小夫妻掀開「窮學生」生涯序幕，雖然有獎學金，但是在學校附近租的小套房月租就要六十五美元，還要寄三十美元回香港孝敬婆婆，經濟上捉襟見肘、苦不堪言。

在經濟壓力下，簡婉平白天去一家百貨公司做出納，晚上到東北大學（Northeastern University）讀會計，直到一九六〇年六月兒子鄧陽光出生，一家三口仍住在那個小套房。

兒子睡在廚房，鄧南圖和簡婉平睡在沒有彈簧的沙發床上。直到有一天，他們發現睡廚房對孩子不健康，決定搬去每月七十五元的公寓，讓孩子可以有自己的房間。但是公寓不供應家具及廚房用品，為了節省開支，他們先買舊家具，再去買油漆刷牆，但因為沒有經驗，把公寓刷得一塌糊塗，只好把門一關、逃之夭夭，拜託房東去收拾殘局！

後來，簡婉平一家在波士頓的劍橋住了六年，鄧南圖在麻省理工學院拿到碩士和特別工程師學位，並拿到麻省理工學院的助教獎學金繼續念博士，可惜因種種緣故沒有拿到博士學位。

一九六二年，鄧南圖帶著簡婉平和兩歲多的兒子鄧陽光搬到南加州，接受麥克唐納飛機公司（McDonnell Aircraft）的聘書，研究風洞、彈道範圍、衛星及導彈等。

麥克唐納飛機公司在一九六七年合併道格拉斯飛機，成為麥克唐納·道格拉斯公司，至今仍是美國航空主要製造商和國防飛機承包商。

他在該公司做了十三年的研究工作，終於不負眾望，研究出全世界速度最快的槍，專利權屬公司所有。後來，公司頒發幾千美元獎金給鄧南圖，把專利權賣給阿拉巴馬空軍基地（Alabama Air Force），轉讓給美國政府作為國防之用。

在波士頓求學期間，簡婉平提議將鄧南圖的父母接來美國同住，因為記憶中的婆婆和藹可親，加上簡家的傳統家教，讓她滿腦子都是「嫁做人媳的責任義務」，所以滿心期待公婆的到來。

公公頗有學者風範，待簡婉平很好，就是「怕老婆」，即使老婆無理取鬧，也不敢出聲。當婆婆大駕光臨，簡婉平向她報告喜訊：「我已有了三個月身孕。」原以為老人家會很高興，沒想到婆婆反應冷淡，毫無喜悅之色。

鄧南圖安慰妻子，可能是婆婆認為小倆口的經濟基礎尚不穩定，擔心太早有小孩會造成負擔，簡婉平也就善解了。

據簡婉平側面了解，在婆婆心目中，自己的兒子優秀無敵，是她高攀了這門親事；而每個婆婆似乎都享有挑剔媳婦的特權，無論她如何委曲求全，婆婆總是有辦法找麻煩，讓她日子不好過。

鄧南圖學成就業後，婆婆的跋扈變本加厲，簡婉平在父母的勸說下忍氣吞聲，只希望有一天能感動婆婆接納她。

失去摯愛，瀕臨崩潰

一九六九年八月，女兒鄧美貞在加州托倫斯（Torrance）出世，但是遇上美國經濟大蕭條，人心惶惶、失業率高，美國政府的航空研究經費也逐年裁減，鄧南圖在道格拉斯公司的工作也面臨裁員的威脅。

身為東方人，危機意識比他人更強，鄧南圖決定改行。幾經反覆觀察，決定投入房地產仲介業，鄧南圖考取了房地產經紀人執照，簡婉平也考取了房地產銷售員執照。簡婉平負責開車載客戶去看房子，找到中意的房子就交給鄧南圖議價及過戶交屋，兩人合作無間，一起經營房地產生意。

他們在一九七二年杭廷頓海灘（Huntington Beach）地區房價飆升前，及時趕上房地產的全盛時期，做了幾筆關鍵性的投資，奠定了經濟基礎。一九八一年，鄧南圖決定從道格拉斯公司提早退休，鄧家父母從臺北搬到美國同住。

有一天，簡婉平陪友人去相命，相命先生打量眼前貴婦，問她是否要：「順便算一算？」不置可否的簡婉平光顧了他的生意，沒想到換來的卻是令她驚心動魄的預言：「你先生活不過五十歲！」簡婉平忐忑不安地回家，一再告誡自己：「江湖術士之言，不可信！」決定對鄧南圖三緘其口。

誰知道又有一天，鄧南圖也跟著他的朋友去找同一位大師算命，得到了同樣的預言，他回家後告訴了妻子，簡婉平才承認自己早已知道，只是不願相信。夫妻執手，淚眼相對，半信半疑，最後，鄧南圖對簡婉平說：「不管是真是假，還有十年時間，讓我們彼此相愛，好好珍惜這十年光陰！」他們努力拋開陰霾，珍惜擁有的每一天。

事業有成的夫妻倆，後來迷上打網球，鄧南圖每星期都要打三次網球，在網球場上奔跑廝殺，用汗水贏回了許多獎盃。當著名的高爾夫球選手賓・克羅斯比（Bing Crosby）於一九七七年在球場心臟病突發，鄧南圖竟然不忌諱地脫口而出：「我好羨慕賓・克羅斯比死得其所！」

鄧南圖希望自己有朝一日，也能在最愛的網球場嚥下最後一口氣，沒想到竟一語成讖。老天爺如了他的願，一九八三年十一月十九日，鄧南圖正在打決勝賽，打著打著便倒下昏迷，網球夥伴王滇聲送他去醫院急救，五十歲的他因心肌梗塞而在網球場陣亡了！

少女時代的簡婉平喜歡看瓊瑤小說，沈醉在故事中男女主角愛得肝腸寸斷的淒美，雖然字裏行間盡是生離死別的痛苦，但是她以為那只是小說世界虛構的愛情而已，這人間怎麼可能有無法割捨的愛？

當鄧南圖倒下的噩耗傳來，簡婉平擄報趕去醫院，家屬被阻隔在加護病房外，只聽說是心肌梗塞，醫師正在進行搶救。六神無主之際，那個可恨的預言突然跳進腦門，她赫然發現，躺在病床上的鄧南圖正是五十歲……

備感煎熬的時間，一分一秒地過去了，三個小時之後，醫師領著她走向病床，向她宣告：「他死了！」簡婉平茫然地看著仍在起伏的心電圖，淚眼婆娑地追問：「為什麼說他死了？螢幕上的心電圖不是還在跳動嗎？」

醫師同情地看著眼前茫然的女人，好心地代為安排殯儀館接走大體，無視於簡婉平的哀傷欲絕，不管她如何堅持「他沒有死」，他還是被裝進袋子裏送走了。

簡婉平的好友薇薇安．周（Viviane）從亞利桑那州的鳳凰城趕來陪伴她，看她不吃不睡、不哭不鬧，像傻子一般死盯著鄧南圖的遺照，感到十分心疼；已成年的兒子鄧陽光帶著她選墓地、安排喪禮，簡婉平行禮如儀，安靜地送走了她今生的摯愛。

四十五歲的簡婉平成了寡婦，小女兒鄧美貞剛剛就讀高中一年級，青天霹靂的家變讓簡婉平感覺天塌下來了。足足有三年時間，她頭不梳、臉不洗，每天以淚洗面……十四歲的小女孩面對父親的永逝和母親的慟傷，被迫在一夕之間長大，鄧美貞告訴自己：「不許哭！要堅強！」於是她拿起自己的枕頭、棉被，搬去與母親同睡，每當椎心刺骨的痛深夜襲來，總讓無助的簡婉平放聲哭泣，睡在身旁的女兒就搖醒她，大聲地說：「不要哭（Stop it, cut it out）！」

女兒給了簡婉平生存下去的理由，作為母親，她必須活下來撫養女兒！

然而，簡婉平時而堅強、時而軟弱。堅強的時候，她會挑起養家的責任；軟弱的時候，精神接近崩潰邊緣！一雙兒女開始討論是否要送她去看精神科醫師，擔心她無法熬過這段日子，周邊的親友則鼓勵她接受宗教的洗禮。

也許是病急亂投醫，簡婉平開始走向各宗教的殿堂，尋求精神支持。她曾經到天主教堂望彌撒，也到過華人的基督教會做禮拜，但無論是上帝、耶穌或瑪麗亞，都沒有讓簡婉平振作起來，她仍舊在黑夜中輾轉難眠。

簡婉平想到婆婆可能和自己一樣，因失去摯愛而飽受折磨，每個星期都撥出兩天時間去探望老人家，希望能夠代替鄧南圖孝順她。

當時，鄧南圖的外甥與婆婆同住，有一次婆婆背後說閒話：「你知道嗎？我好怕看見你舅媽的臉，我怕她來這裏向我借錢。」外甥涉世未深，把這句話原封不動地告訴簡婉平，她從此沒有再踏進鄧家的大門，慎用自己僅有的財產協助兒子成家立業，撫養女兒完成學業。

簡婉平用各種方法麻醉自己，她領悟到人生的無常，為了淡忘守寡的悲痛，她回去大學重拾書本，課餘則全心投入慈善事業，到老人機構提供服務，又到噴泉谷醫院（Fountain Valley Hospital）做志工。

簡婉平在醫院裏做了將近兩千小時的志工，在那裏，她看見深受癌症折磨的病人，顏面腫脹、痛苦萬分地睡在病床上，好命的人可以早早往生，否則就得接受沒完沒了的病痛酷刑。簡婉平從病人身上學會了感恩，了解到健康是身體最重要的本錢，她感恩自己有健康的身體，又不用朝九晚五討生活，才能夠更有時間去行善。

很多人不明白，年將半百的簡婉平遭逢喪夫之痛，長子結婚離家、另組小家庭，幼女尚在求學，她肩挑生計重任，為什麼還要去醫院及健康保險諮詢中心做沒有薪水的志工？從事社會志願服務之餘又到附近的大學選課，同時還拜師學國畫、開畫展，其實她做這一切並非精力充沛，而是存心把自己累到沒有時間、沒有力氣去悲傷……

情劫難逃，昏頭再婚

一九八九年，慈濟因緣乘著「馮馮音樂會」的翅膀翩然而至，簡婉平在慈濟找到了心靈的家，證嚴法師的愛撫去了她的悲傷，讓她重新又活了起來。簡婉平把過去幾年在美國學到的志工模式及本身的才華學識，悉數用在慈濟，特別專注在醫療及慈善方面，也因此結了許多善緣，走到哪裏都有法親呵護她。

當簡婉平奔走於慈濟義診中心的籌備工作，大家看在眼裏，敬佩在心裏。有一天，美國分會的志工范運南對簡婉平說：「作為兄長，我想介紹一位男士跟你做朋友，結伴共度晚年，好嗎？」簡婉平搖頭說：「我已習慣沒有男人在家的生活，可以照顧好自己。」

可是，簡婉平最終沒有逃過這場情劫，范運南仍是介紹了他的表弟祝咸仁給簡婉平，祝咸仁風度翩翩、談吐不凡，簡婉平非常欣賞。他是大學教授，她做醫院志工；他畫西洋水彩，她繪山水潑墨；他擅長商業投資，她投資房地產業，就表面條件看來，兩人確實是珠聯璧合的絕配！

祝咸仁退休前在紐約州的歐斯威格大學（Oswego, State University of New

York）社會學系執教三十年，妻子於一九九三年因癌症辭世。祝咸仁四處拜託同學介紹女朋友，從美國、加拿大到臺灣都有人推薦，最後他選擇了南加州的簡婉平。

知天命之年的祝咸仁比浪漫的徐志摩有過之而無不及，雖然他與簡婉平分居美國東西兩岸，有三個小時時差，但他每天都寫一封熱情洋溢的情書，每晚都在東岸紐約的午夜十二點（西岸晚間九點），準時撥通簡婉平的熱線，風雨無阻打長途電話情話綿綿。簡婉平終於在他的情書及情話的攻勢下舉了白旗，被熱戀的浪潮沖昏了頭！

不久，祝咸仁遊說簡婉平去看尼加拉瓜大瀑布，強調加拿大的瀑布比美國這邊漂亮許多，於是兩人開車前往加拿大。當天風勢很大，狂風把瀑布的水打在兩人身上，全身都溼透了，在狂風及瀑布的助威下，祝咸仁拿出預先準備的戒指向簡婉平求婚，她為了躲避傾盆而下的風雨因此默許，沒想到卻掉進了長達十二年的情網中。

後來，在一個遊船晚會中，祝咸仁又當著上百位觀眾，在臺上跪下正式向簡婉平再次求婚，她便如此這般，半推半就地答應了。

婚後的前八年，喜愛天文學的祝咸仁經常在深夜兩、三點，傍著簡婉平躺在黑漆漆的大沙漠看流星，整整一個月時間，夫妻倆興致勃勃地守在荒野處，等候終生難見的掃把星。搬到拉斯維加斯之後，他們遊盡猶他州一帶的紅石國家公園，又去著名的各大湖泛舟遊湖，簡婉平看似過著幸福的第二春，心中卻若有所失。

婚前，祝咸仁「不反對」簡婉平做慈濟；婚後，卻搬出「以家為重」的說詞，讓夾在中間的簡婉平好生為難。擅於做學問的祝咸仁遍讀聖經、佛經、可蘭經，卻是個反宗教的老頑童，愛唱反調的他為反對而反對，曾一口氣讀完簡婉平書架上的八本經書，就為了跟慈濟法親辯論，讓簡婉平吃盡了苦頭。

簡婉平想念曾經在慈濟所做的一切，但傳統觀念的束縛，讓她不願為此和先生傷和氣。每有慈濟活動，她就把慈濟制服偷偷藏在後車廂，利用時間參與；萬一無法從家裏脫身，就安慰自己：「暫向慈濟告假！」儘管如此，內心的痛苦仍深深地折磨著她。

婚姻恍若枷鎖，綁住了她的自由。在許多夜晚，她夢見慈濟法親催促她出門做志工，卻只能悲傷地哭醒……她嘗試帶祝咸仁去拜見高僧，如印海法師和聖嚴法師等，法師們知道她用心良苦，也安慰她說：「他會自己度自己！」

此去經年的某一天，簡婉平受邀參加慈濟全球志工總督導黃思賢的一場分享會，她坐在前排的座位，只見黃思賢若有意似無意地對著她說：「你們知道結婚的『婚』字怎麼寫的嗎？就是女的昏了頭才結婚。」簡婉平聞言莞爾，認為說得真對啊！確實是昏了頭，命中注定要還這分感情債！

想到自己的第一次婚姻，生活以鄧南圖為重心，當他突然英年早逝，自己也幾乎活不下去了。為了不再整日悲傷，她嘗試走入人群、投入助人行列、學習繪畫，把時間填得滿滿，意外展現了自己的才華，也獲得成就和滿足。

再婚後，愛情再度綑綁了她。前九年的婚姻生活，她遷就祝咸仁，為他做一切他喜歡做的事，追看星座、爬山、玩水、拽船，而他卻不明白她心中的渴望，甚至阻止她去追求。「人生的意義是什麼？」那小小的聲音，在心中回盪，也愈來愈鮮明了。

在外人眼中愜意的婚姻生活，在簡婉平心中逐漸變得萬分委曲，正視當下的處境，感受到歲月無多，時間不待人，她一次又一次問自己：「真的要這樣繼續下去？」

出生於傳統保守年代的簡婉平，受西方教育洗禮薰陶，為爭取自我實現，她不惜發動「家庭革命」，終與祝咸仁分居。

起初，祝咸仁認定了簡婉平的軟弱，不相信她真的能離開，直到她從山上的豪宅搬去山下的小屋，他才清醒過來，並試圖挽回妻子，然柔情蜜意已打動不了妻子的芳心。

在情場中戰無不勝、攻無不克的祝咸仁敗下陣來，追究敗責卻非「將軍白髮」之故，而是他不懂得簡婉平真正的需要。祝咸仁以為「愛」可以滋養簡婉平一生一世，殊不知她需要的精神食糧不僅僅是小愛。

然而，老天爺給簡婉平的考驗不止於此，祝咸仁在分居三年後被醫師診斷出罹患血癌，體力虛弱，必須有專人隨侍在旁，每週兩次驗血、兩次輸血（血小板）都得靠簡婉平接送照顧。

儘管夫妻關係早已名存實亡，但簡婉平仍然以陪伴「個案」的心態，長時間陪伴祝咸仁往返十五號公路，長途開車就醫，從內華達州拉斯維加斯到加州大學洛杉磯分校醫療中心，看癌症專科、住院及化療，陪伴他走完今生最後一程。

雖然簡婉平對第二次婚姻多有怨懟，但仍聽從黃思賢的忠言「以莊嚴的心送到底」，在祝咸仁臨終前的幾個月，夫妻倆在病床間執手相看淚眼，一起回憶過去的美好時光，在誠懇的相互告白中前嫌盡釋。

當病中的祝咸仁離開醫院，驅車返回拉斯維加斯與家人共度「最後的中秋節」，他在高速公路上握著電話筒對乾女兒茹菁高唱兒歌：「我是隻小小鳥，飛呀飛，叫呀叫，自在逍遙，我不知有憂愁，我不知有煩惱，只是愛歡笑……」

終於離開醫院的祝咸仁唱得好開心，相信在他闔上眼睛的那一刻，絕對知道自己有過人世間最良善的妻子！

二〇〇六年，祝咸仁抵抗不了病魔的摧殘而往生。

【人生開講三】

自我實現之路

如何華麗轉身？
付出與學習賽跑，
才華躍然展現，
蕙心在指尖流露……

人生百般況味，
誰不想輕嘗，
總得見識一番，
才不留遺憾。

專業輔導，協助耆老

一九八〇年，南加州橙縣成立了健康保險諮詢服務處（Health Insurance Counseling and Advocacy Program，簡稱 HICAP），負責人茱莉．史考恩（Julie Schoen）計畫先在當地培訓志工，再將志工們分配到加州各地的老人中心和社安局辦公室，為民眾解答聯邦健康保險問題。

仍處於喪夫之痛的簡婉平，於一九八四年加入 HICAP 的長期培訓，服務了整整十年，得到加州橙縣縣政府頒發的奉獻十年志工獎（Warshaw Award）。由於表現傑出，茱莉於一九九五年提名她到美國東岸的馬利蘭州健康保險諮詢總會（Headquarter of Center for Medicare & Medicide Service，簡稱 CMS）領取全美榮譽志工獎，那是 HICAP 的最高肯定，也是簡婉平至今獲頒的最佳獎章。

此後幾年，簡婉平一直為耆老社區提供服務，也許是見苦知福，她逐漸擦乾了自己的淚水，全心為他人提供服務。在 HICAP 投保的百分之九十是老年人，一部分是殘障者，非常需要專業人士的輔導。

簡婉平花了很多時間學習，終於通過嚴格的培訓計畫，取得合法資格，幫助大眾了解複雜的醫療保險、紅藍白卡及相關保險業務。所謂「合法資格」是通過政府機關執行背景調查及進行考試後才可取得「志工證」，必須具備相當的知識水準才能承擔這分志工任務。

因為會說中文，茱莉常在週末時間指派她到華人耆老中心或松柏會等機構，為老人家講解醫療保險相關問題，幫助老人家填表申請保險。簡婉平幫助民眾作出最明智的選擇，還主動和華人長者做朋友，志願送他們回家，做的工作遠遠超過志工的責任義務。

茱莉發現簡婉平的輔導風格很平易近人，每當她協助耆老客戶選擇健康保險，都給予充分的關注，仔細問問題，以便提供最合適的個人援助計畫。簡婉平服務過的人都對她讚不絕口，因為她尊重每一位前來求助的人，並且為對方保有尊嚴。

在 HICAP 服務期間，簡婉平曾與三位領導人相處，從他們身上學到許多課本裏學不到的人生經驗，學會待人處世，以及如何帶領幾十位志工，讓人家心甘情願地「付出無所求」，為一個非營利機構做出貢獻。

三位主管都是以真以誠對待每一位志工，因為志工不拿薪水和酬勞，所以他們總是不斷地向每一位志工說：「感謝您啊！感謝您的時間和精神！」每當志工完成一個任務，他們就會說：「辛苦了！您做得太好了！」大家都感到被尊重，感覺 HICAP 就是個暖心的家，負責人的言語永遠甜得像蜜糖。

創辦人茱莉為了籌備運作 HICAP，她的行事曆填滿了「約會」，和每個小城的社會安全局以及各區老人中心約時間，為老人家講解聯邦醫療保險等相關問題。同時，茱莉還準備考律師執照，以她的實力考取律師不成問題，但她既要分心籌畫 HICAP，又要時時刻刻關心著周遭的每一個人，讓簡婉平很替她擔心。

簡婉平偷偷觀察茱莉待人接物的態度，看她如何耐心為老年人解答問題，怎樣去追蹤老人被騙的個案，如何教導志工又不傷害他人的自導心。有一天，心情低落的簡婉平告訴茱莉：「我無事可做！」茱莉就拿了一份文稿對簡婉平說：「請你幫我檢查看看！」簡婉平嚇了一跳，茱莉律師級的英文比之於她簡直是天壤之別，如何能夠校對她的文章？簡婉平百思不得其解，只感覺不可思議！

相處日久，簡婉平才慢慢體會到茱莉的用心，原來她是在鼓勵簡婉平多學英文，真是用心良苦！明明自己的英文比簡婉平高明許多，卻反過來求教於簡婉平，可見茱莉是多有智慧的領導者。她始終和藹可親地鼓勵新志工，要對自己有信心，從來沒有擺過老闆的高姿態，這是簡婉平最佩服之處。

瑪莉蓮負責管理 HICAP 的預算和財務，畢業於富爾頓大學，才學及品德俱佳，總是客氣對待別人。瑪莉蓮常常對簡婉平說：「你為 HICAP 做了那麼多事，週末還得去華人地區的老人中心演講及提供服務，我們應該如何彌補你呢？」

問了許多次以後，簡婉平就跟她開玩笑說：「我需要健康保險啦！」瑪莉蓮很認真地回應：「等我算一算我們的預算，如果有餘的話，就幫你買健康保險。」簡婉平原本對此不存希望，以為人家說說而已，沒想到瑪莉蓮竟然遂了她的心願，當時她一星期只服務十二個小時，但是 HICAP 卻真的開始為她支付健康保險費用。

蘇珊負責管理志工，每天都滿面笑容地接待大家，不管工作多忙，都會花時間寫感恩卡，隨時隨地不忘讚美別人。簡婉平從她那兒學會如何接引志工，要真心對待如同家人。

有一天，蘇珊送給簡婉平一個胡椒噴槍，叮嚀她掛在鑰匙圈隨身攜帶，並告誡說：「你常在週末跑去不安全地區為 HICAP 演講，太危險了！」一件小東西展現了蘇珊的愛心，讓她所帶領的志工感到十分窩心。

如今，蘇珊與簡婉平仍然保持聯繫，簡婉平永遠記得蘇珊親切叫喚著

「E.T.」，簡婉平的英文名字是Emily Teng，縮寫便是E.T.（外星人），這是蘇珊給她的暱稱。

因為簡婉平的努力，HICAP的業務水平攀升，她還組織了援助網站，更廣泛地提供志願服務，她很快就成為橙縣各耆老社區中心及HICAP辦公室的常駐專家。簡婉平在HICAP十年，起先只做志工，後來被主管說服，同意把花在網球場的時間用在HICAP，接受半職的工作，每星期工作三個半天，她非常喜愛這份工作。

簡婉平從沒有想過，有一天竟會因自己同胞的貪婪而辭去HICAP的工作。一九九〇年起，開始有一些沒在美國工作報稅的華人鑽法律漏洞，想盡辦法領取美國聯邦政府和州政府的福利金及各種補助，某些有錢的華裔老人為了申請福利，把自己的錢轉移到兒女名下裝窮人，而這些兒女不乏有錢有勢之輩。

當年，簡婉平在爾灣老人中心認識一位華人長者，他的兒子及媳婦都是在美國受高等教育的知識分子，在新港灘及喇岡木等富人區都擁有百萬豪宅，可是，老人家卻一直在接受社會福利救濟。

有一天，老人家得意洋洋地告訴簡婉平：「看！我會變魔術耶，我把錢都變不見了，把自己變成窮人去住低收入公寓，按時領取加州政府的救濟金，不愁吃也不愁喝！厲害吧？」簡婉平看不慣冒領福利金的事情，感覺到華人的尊嚴被踐踏了！

但是工作歸工作，簡婉平還是多次協助老人家解決問題，幾年往來服務後成為朋友，老人家對簡婉平說話毫不保留。有一天，老人家打電話問簡婉平：「我認識一位女士，有意跟她結婚，但是擔心結婚後會影響我目前領取的政府福利，你說我該不該結婚？」簡婉平沒好氣地回答他：「您要不要、該不該結婚，應該去跟您的兒子和媳婦商量啊！我又不是婚姻顧問專家！」她不樂見自己的同胞騙美國政府的錢，所以在 HICAP 做滿十年，拿到特別獎之後就辭職了，從此專心投入慈濟。

事隔多年，美國福利規章改變很多，這兩年她又重新回去學習，因為她覺得多學一點，可以多幫助一些低收入的窮人。

結友拜師，醉心習畫

一九八五年間，簡婉平前往拜訪朋友，朋友家中掛了許多自己的畫作，讓簡婉平心生羨慕。第一任丈夫鄧南圖往生後，簡婉平給自己布置了許多功課，以防堵內心的寂寞空虛，對任何新事物都感興趣想學。

當時，她已經回大學選課，選修電腦、旅遊課及網球課，這時又在好奇心的驅使下，到海岸線社區學院（Coastline Community College）選修葉寧老師的繪畫課。葉寧是畫家葉醉白的兒子，年輕時在南加州念大學，後來在社區學院教中國繪畫。葉寧在社區學院及橙縣電視臺有許多學生，簡婉平跟他學習畫畫兩年，主修水彩、國畫。

後來，簡婉平又認識了臺灣師大藝術系的林卓琪老師，林卓琪的專長是彩墨嶺南派的現代花卉。簡婉平跟隨林卓琪有八年的時間，在他的指導下，學會了彩墨和創作的構圖。

林卓琪鼓勵學生開畫展，「簡婉平個人畫展」於焉誕生，她也和同學們開過多次聯合畫展，在洛杉磯僑委中心和各圖書館多次展覽，頗受好評！那段學畫的日子，林卓琪每星期四下午都會到簡婉平家，五位熱愛繪畫的朋友共聚一堂，整整五個小時與畫為伍，盡情揮灑在山水潑墨中。

在畫展中，這群為藝術瘋狂的同學認識了丁紹光老師，中央工藝美術學院畢業，在雲南藝術學院執教至一九八〇年，後來移居美國。丁紹光的作品線條明快、用色大膽，以接近黃金比例的構圖切割，融合東方和西方、古典及現代、抽象與具象意趣。

丁紹光邀請學生們到他家參觀傑作，指導簡婉平及同學們筆墨的特點及技巧，有幸認識了雲南派的美女畫，簡婉平一行人在丁家既興奮又感動，每個人都買了畫作，丁紹光的畫在東南亞，尤其在日本頗有名氣，每張畫都標價上萬美元。

因緣際會，簡婉平稍後又認識了來自中國大陸的唐大康老師，他是湖北晴川畫會發起人，得到許多大陸名畫家的認同；他的畫作曾於二〇一七年在湖北美藝館推出「翰墨神韻回顧展」，藝術才華有目共睹。

唐大康的風格比林卓琪清新開放，帶給簡婉平另一種境界的創意。唐大康是湖北藝術學院研究生的導師，直到移民美國南加州，簡婉平才有機緣向他學畫。一九九九年，唐大康因癌症往生，簡婉平跟他學畫前後共三年時間。

一九九五年十二月，簡婉平再婚，與祝咸仁雙雙回到大學選修繪畫的基礎課程，進一步認識繪圖技巧。祝咸仁畫的是丙烯酸（Acrylic）和素描，簡婉平學的是水彩和攝影，繪畫是他們之間最能引起共鳴之處。

夫妻倆常到海邊或風景區寫生，若要將兩人的畫都掛在家中，定然沒有足夠的空間。有一天，簡婉平趁祝咸仁午睡時「先下手為強」，當他一覺醒來，睜眼一看，發現妻子的畫作掛滿牆，已經沒有他的畫「容身之處」了，只好仰天長嘆：「真不可以隨便閉上眼睛，打開眼睛才發現大勢已去，良機不再啊！」

二〇〇七年，簡婉平擔任慈濟拉斯維加斯聯絡處負責人。劉森雲老師和葉子師姊沿途攝影，旅遊到拉斯維加斯，順路拜訪當地的慈濟會所，因此認識了簡婉平，因興趣相投而變成好朋友。

劉森雲是臺北地區慈濟志工，也是慈濟人文真善美攝影種子的指導老師，為人文志工開設很多精彩課程，攝影學員遍布臺灣全島。證嚴法師的重大行腳行程，劉森雲經常在場，貢獻他的攝影專長，用鏡頭為慈濟寫歷史。

二〇一〇年簡婉平搬回加州橙縣，劉森雲和葉子計畫收錄美國及加拿大的名勝風景畫面，於二〇一三年到加州簡家做客，簡婉平開車載他們到海邊追日落的鏡頭，又到洛杉磯著名的迪士尼戲院拍日落的反光。

在劉森雲的指導下，簡婉平的構圖和攝影技巧大增，她深深佩服劉森雲的攝影專業，對攝影的喜愛熱度攀升，常常一個人跑到不同的海灘尋找景色入鏡。

經過四位大師的薰陶，簡婉平走出傳統的中國水彩畫侷限，開展出新的局面。同時，當她照相取景時，骨子裏的繪畫基礎就自動傳遞訊息，每一張相片都拍得非常有創意；許多年之後，簡婉平想到把這些道理悉數用在「人文真善美」的攝影報導上。

二〇一五年，林卓琪在南加州舉辦個人畫展，教畫三十年的他在美國桃李滿天下，參加畫展的人都看見他在創作上不斷求變，境界更上一層樓。可惜畫展尚未結束就傳來噩耗，林卓琪得了癌症，隔年就往生了，享年八十一歲。簡婉平和林卓琪相識十八年，斯人已矣，如今只剩下簡婉平案前的那本《林卓琪現代彩墨花卉集》。

投入慈濟以後，每日奔馳在活動與活動之間，當年的閒情逸致早已消逝得無影無蹤，簡婉平的畫筆禿了、油墨乾了，收藏多年的宣紙也布滿了灰塵。

一張謝卡，受託重任

慈濟因緣在一九八九年十月二十三日輕叩簡婉平的心門，馮馮應邀到加州為慈濟舉辦「洛杉磯聖樂」首演。馮馮生於一九三五年，是作家、翻譯家、畫家、紙藝家及作曲家，童年生涯顛沛流離，憑著自力在香港與臺灣兩地成長，兼信佛教和天主教，接受慈濟邀約赴美舉辦音樂會。

朋友送給簡婉平兩張票，讓她與慈濟有了第一次接觸。那是她首度參加慈濟的活動，原本要去「聽」演唱會，沒想到卻「聽」到了慈濟人的呼喚，當晚被在場服務志工的熱情感動，隨之被成功接引到慈濟。

音樂會當晚下著大雨，簡婉平車前窗的雨刷突然無法使用，雨水「趴趴」打下卻不能排水，情況非常危急，簡婉平與朋友一路念佛號保平安，到了帕薩迪娜（Pasedena）的會場，兩人冒著大雨衝進禮堂，全身溼漉漉非常狼狽！

慈濟的師兄們見狀立刻趕出來為她們打傘，師姊們站成兩排一面拍手一邊唱著：「真正高與地見到你，滿心歡喜地歡迎你，歡迎，歡迎，我們歡迎你！」慈濟人在門口熱情迎接的隊伍，令簡婉平受寵若驚；慈濟人的熱情和形象，給簡婉平留下深刻的印象。

一九九〇年春天，簡婉平偶然在超市收到一張傳單，上面寫著慈濟要在橙縣科斯塔梅薩（Costa Mesa）的「杭州小館」舉辦茶會。從小在美國長大的香港人從沒聽說過「慈濟」，她因為好奇而想去聽聽看。

會中幾位資深志工，黃思賢、蔡慈璽、李靜誼、王思宏及李德宣等人，分享了許多慈濟人、慈濟事，講得很生動，每一位的演說都非常打動人心。後來簡婉平才知道，因為他們都在慈濟做善事幫助人，自己做得歡喜，才能夠現身說法和大家分享。

出席分享的女眾端裝秀麗，美麗的笑容，教人想要和她們多親近；男眾們的分享，不僅引起聽眾共鳴，讓人笑出聲更流出淚，簡婉平聽了很感動，也哭得唏哩嘩啦！

事後，簡婉平寫了感謝卡寄給主辦人李長科，接到這張謝卡後，李長科打電話邀她幫忙成立科斯塔梅薩聯絡處，她欣然同意。

科斯塔梅薩小城內的「杭州小館」，對橙縣慈濟人而言有非凡的意義，那不僅是一家館子，而是餐館老闆李長科和李素清賢伉儷凝聚大愛的地方。在簡婉平眼中，他倆待人真誠、做事認真、有承擔，捐款行善不落人後。

經由眾人的努力，科斯塔梅薩聯絡處在一九九二年成立了，由簡婉平及李長科一起擔任負責人，地點設在李長科長子李永松的律師事務所，挪出一個房間當聯絡處。

一九九二年八月底，他們在科斯塔梅薩市政社區會議廳舉辦晚會，廣邀天下善士同耕福田，當日約有四百位來賓出席。

黃思賢是當時慈濟美國分會負責人，他以「菩薩心，慈濟情」為題演講，鼓勵橙縣菩薩們站出來，為人間苦難盡一分心力！王思宏以風趣幽默的口吻，分享慈濟在社區所提供的服務，使大家如沐春風，一路笑聲和掌聲不斷。

之後，志工們在科斯塔梅薩舉辦茶會、關懷個案，開設社教課教網球、畫畫、英語會話、點菜和餐桌禮儀等，大家感情十分融洽。

一九九三年，花蓮靜思精舍德慈師父、德宣師父第一次來美關懷各聯絡處時，特別安排時間光臨科斯塔梅薩聯絡處辦公室，德宣師父仔細地閱讀辦公桌上的常態事項紀錄簿，留下良好的印象，並鼓勵橙縣慈濟人再接再厲。

後來，慈濟人又在「杭州小館」陸續開了兩、三次茶會，也在橙縣的護理中心和科斯塔梅薩社區中心舉辦過逾百人的大型茶會，每次活動都辦得非常成功，而李氏伉儷正是橙縣志業推廣的幕後推手。

簡婉平觀察李氏伉儷這兩位活菩薩，雖然餐館生意很好，每天都有大把的現金收入，兩人仍是過著克己復禮的日子，銀行的存款都去了更有用的地方。李長科常常撫著發白的長鬍子說：「看到感恩戶（受助者）的笑容，就是我最大的安慰。」這句話鞭策著簡婉平更用心去照顧需要幫助的人。

簡婉平曾出任慈濟科斯塔梅薩聯絡處第一任負責人、美國分會慈善組社工組長；一九九三年受證慈濟委員，法號「慈恆」，從此與慈濟結下不解之緣。一九九四年，科斯塔梅薩聯絡處與爾灣聯絡處合併，更名為橙縣聯絡處。

魂牽夢縈，新不了情

在會所草創期間，慈恆一直致力於「吸收」其他團體的「營養」，經常大老遠跑到聖地亞哥、越過美墨邊境去找謝阿容師姊，結伴在墨西哥尋找理想土地興建慈濟學校。

慈恆帶著志工們到處結善緣，去葛羅維公園市（Garden Grove）的天主教收容所訪視個案，到麗港海灘活動屋家園（Laguna Beach Mobil Homes Park）援助房屋被火燒毀的受災民眾，去墨西哥參加貧戶發放，還去附近的S.O.S. 做冬令發放，日子過得非常充實。

S.O.S. 是非營利組織，合作之前，慈恆專程去拜訪主管。她發現 S.O.S. 的服務有兩個大項目，第一項是食物發放，慈恆注意到很多人排隊進辦公室，然後拿著重重的一大袋食物離開，主管告訴她：「中心除了幫助窮人治病，還每天提供食物給窮人。所有領取食物的人都經過審核，辦公室有他們的紀錄，每天大概發放三百袋食物。」第二項是義診中心，包括西醫、牙科、婦產科及精神科，此外，還幫助窮人付水電費和交房租，慈恆將他們的業務都熟記在心。

一九九二年，慈恆帶志工們到 S.O.S. 發放毛毯和協助打包食物，大家一起在 S.O.S. 門前照了張相片留念，沒想到一張無意間拍攝的照片，竟會是成就「慈濟義診中心」的因緣。

原來，黃思賢有一次看到這張相片，就詢問慈恆那是什麼地方？慈恆一五一十地告訴他，聽完後，黃思賢對她說：「我邀請林俊龍醫師一起過去拜訪，看看慈濟是否也可以成立義診中心？」

雙方會面以後，黃思賢略作評估就當機立斷，率領志工捐屋、捐款，在南加州阿罕布拉市（Alhambra）建立慈濟義診中心。慈恆參與籌備的一年中，從一磚一瓦到一桌一椅樣樣親力親為，幾位「元老級」的志工合心合力，為慈濟義診中心奠定了良好的基礎。

歷經一年時間籌畫，尋找醫師、護理師、藥劑師及志工，最後在大家同心協力下，獲得醫政局批准通過，於一九九三年十一月一日正式啟業，為南加州聖谷社區提供服務到今天。

成立義診中心初期，志工們對運作經營毫無概念，經費方面更是從零開始，那年代的慈濟志工個個是擅長「無米之炊」的巧婦，慈恆秉持證嚴法師「信己無私，信人有愛」的慈訓，儘管口袋空空，卻信心滿滿地到處找尋醫護人員，用愛感動醫療志工加入大愛的行列。

萬事起頭難，黃思賢分派志工前往各處義診中心學習，經過一整年的時間，開了上百次的會議，多位大建築師親自「下海」動手室內裝修，沒有一個小關節假手他人；有一次，幸運採購到便宜的辦公桌椅和檔案櫃，八位男眾加上當時「有點老又不太老」的慈恆，一行九人去把家具一口氣搬回義診中心，廢寢忘食只為省下眾生的捐款，把每一分錢都用在當用之處。

慈恆曾經被蔡慈璽取笑說：「後車廂永遠放著一套床單、枕頭套和梳洗化妝用品哩！」不明就裏的人好奇她為什麼要做一個「不回家的女人」，其實，以「慈濟」為家的那幾年，慈恆完成志工任務後，有時太晚又太累，不敢開車回家，乾脆就倒頭睡在分會寮房，省掉來回兩小時的路程。

好不容易通過了政府的批准，幾經奔波，義診中心的大門總算為貧病的弱勢族群而開！有一位長輩在當時對慈恆說了一句話：「事過境遷了無痕」，教導她「縮小自己」的道理，因此她鮮少提起那段往事！

一九九一年，慈恆第一次回到花蓮靜思精舍，帶了兩位朋友同行，一位是住在喜瑞都的朱勝春，是慈恆的畫友，幾年後也受證成為慈濟委員；另一位呂淑媛，是慈恆早期在科斯塔梅薩的會員，多年來護持美國和臺灣的志業發展，可說是慈濟的大菩薩。

她們兩位一心想皈依證嚴上人，回到靜思精舍安單後，追著上人表明要皈依；上人回說她們已經皈依了，慈恆不解地問：「我們還沒有跪下來頂禮您啊！」上人又回答：「不用頂禮，只要做慈濟事就是皈依我了。」

在精舍小住的日子裏，常住師父們無微不至的關照，讓她們有「回家」的感覺。慈恆觀察到常住師父們晚睡早起、不做不食的修行，內心受到無限感動。她很喜歡精舍的環境，心想如果能留下來該有多好，忍不住去請示上人：「我可以留在花蓮，跟隨顏惠美師姊做醫院志工嗎？」上人對她說：「美國需要你，回去好好做，要知福、惜福、更要造福。」

慈恆與朱勝春、呂淑媛相約到花蓮慈濟醫院做志工，醫院常住志工顏惠美得知她們能說英語，特別安排她們在加護病房照顧一位外籍天主教修女。有一天，顏惠美私下準備了生日蛋糕，請大家唱歌為修女慶生。那一刻，慈恆意識到愛是不分宗教、國籍和種族，「無緣大慈，同體大悲」絕不是唱高調而已！

一九九五年春天，慈恆再度回花蓮參加首屆全球慈濟人精神研習會。她驚訝地發現，慈濟在那五年蓬勃發展，四大志業、八大法印遍及全球各角落，然而，上人和精舍的常住師父們仍然生活簡單……心中的不捨遠超過震撼。每當上人遠遠走來，甚至只是在報章、電視看到老人家的身影，她都會情不自禁地淚流滿面，有人告訴她：「那是因為累世的因緣啊！」

有一天，隊輔請她高高舉牌，等待其他隊員歸隊，她就傻呼呼地一個人站著等待。上人遠遠走來，特意走到慈恆面前，輕輕地說了一句話：「回去就要好好地做啊！」慈恆大感意外，又感動萬分，只記得向上人頂禮，拜倒在地，卻忘了問上人：「回美國後應該做些什麼？」等她回過神來，上人已經輕步離去。

這麼簡單的一句話，當時的她竟悟不出其中道理；多年之後，還忍不住後悔當年沒有追問上人：「到底我該做什麼？」

同年冬天，慈恆重披婚紗嫁給祝咸仁，二〇〇〇年搬遷到拉斯維加斯。二〇〇七年，在當地慈濟志工團隊大力推薦下，正式接下負責人職務。

過盡千帆後，慈恆也終於悟出了上人的話——「今後要更用心好好地做慈濟」，她的責任就是好好照顧拉斯維加斯這個「家業」，好好照顧「家人」的心；因此在買了拉斯維加斯會所後，她就東奔西跑地到處募心募款，號召更多有緣人來護持慈濟。

如今LKK的稱號已經退流行了，她的新名號叫作「Energizer Bunny」，只是廣告中的兔子拚命打鼓，慈恆卻是老當益壯地駕車奔馳在洛杉磯與拉斯維加斯之間，呼喚接引更多人加入大愛的行列！

開口閉口都是「慈濟」，睜眼閉眼也都是「慈濟」，在慈恆的人生裏，慈濟就是她魂牽夢縈的唯一，她和慈濟之間的這段「不了情」，究竟是以怎樣的旋律譜寫的呢？

【人生開講四】

快樂不是因為擁有

幸福各有定義，
答案存乎己心，
人生意義何處尋？
花開花落見分明。

曾經滄海難為水，
願是藍天是白雲，
伴陽光撫大地，
化雨露潤萬物。

別無所求，找回自我

婚前，祝咸仁曾問慈恆：「人生的意義是什麼？」她回答：「我曾經為社會奉獻過，我的人生沒有空來一回。」「自覺今生沒有白來」的答案，讓祝咸仁認定她可以牽手後半生。結婚前，他勉強接受她做志工；結婚後，卻明白表示不要她花時間投入。

為了尊重夫婿的感受，慈恆不能光明正大做慈濟，只能偷偷地去，但是祝咸仁不是傻瓜，他很快就知道慈恆在做什麼，因為有人總是會來「通風報信」，讓她沒法安心待在家裏。

為了綁住慈恆，祝咸仁決定搬家，他以為只要把妻子抽離那個氛圍，她就不會再去做志工，即使想去也沒有機會！祝咸仁打著自己的如意小算盤，希望妻子可以全心做家庭主婦。

他提出兩個選擇，一個是北卡羅萊納州，當地有三個大學，充滿書香氣；一個是拉斯維加斯，適合投資房地產。慈恆選擇了後者，因為與慈濟總會距離不遠，若有必要，開車只要四小時就可以回去了。

搬到拉斯維加斯後，慈恆基本上是淡出慈濟了，但是拉斯維加斯聯絡點負責人陳淑婉聽說有慈濟委員搬到拉斯維加斯，就積極地與她取得聯繫，常常邀約她參加活動。

出嫁從夫的傳統思維，讓慈恆很少對祝咸仁說「不」。婚後前七年，夫唱婦隨，她跟著祝咸仁到米德湖（Lake Mead）頂著烈日划小船；深夜兩、三點，躺在沒有一絲燈火的沙漠荒野，觀賞流星之美，甚至強迫自己承認對宇宙星座有興趣；開車遊遍猶他州和鳳凰城附近的紅石公園，日子彷彿過得滋潤美滿。

對於丈夫主導的新人生，慈恆別無所求，只要求那麼一點點自由，卻不可得。她恍如關在牢籠裏的金絲雀，環境優渥卻不快樂，無形的壓力讓她幾乎窒息，她似乎患上了憂鬱症；她一再問自己同樣的問題：「人生的意義是什麼?」

年近六十五歲的她，雖然夫妻感情甚篤、衣食無缺，卻悵然若有所失。她決定不再噤聲，一再抗議先生不讓她做想做的事。

同時間，慈恆的兩位好朋友發生婚姻問題，讓她感到心有戚戚焉！其中一對夫妻，少年時期來美深造，先生工程事業有成，早年投資房地產成功，住的是豪宅，開的是好車，但是婚姻生活不和諧，每天有吵不完的架，結果太太想不開，吞下大量安眠藥，雖然救回小命，卻救不回婚姻。

另外一對夫婦，先生是太空系工程師，住在南加州南灣山上可俯瞰景觀的豪宅，夫婦倆個性不合，吵了一輩子，曾經嘗試分居，可是又捨不下彼此，一起生活就又變成冤家。有一個星期天，先生陪太太去買一雙鞋，在購物百貨大樓又開始吵起來，一路吵回家，結果氣昏頭的先生，在廚房失手打死了太太。

兩件悲劇給了慈恆當頭棒喝，她終於意識到應該正視自己的婚姻問題，如何面對自己的「不開心」情緒？如何解決「不平等待遇」的生活？這些都是避免悲劇的當務之急。所以，她嘗試分居，搬到附近的房子去自立。

剛開始，她不敢買家具，而是租了三個月家具，因為她對自己沒信心，不知道自己能堅持多久……搬家的時候，祝咸仁一直在搖頭，滿腦子只有一個字——WHY（為什麼），他不明白慈恆為什麼不快樂？

慈恆搬出去住之後，始終沒有開口要求離婚。祝咸仁一開始不相信軟弱的妻子竟頑強至此，但是看著她一步一步遠離自己，他又重新卯足勁，極力挽回她的心。沒想到這一次，鮮花、巧克力、情書通通不管用了；有時候，慈恆一覺醒來，打開門會發現一束玫瑰花靜靜躺在門前，她感覺泫然欲泣，但是知道自己不能回頭。

超齡學徒，盡責乾媽

二〇〇五年，卡崔娜颶風重創路易斯安那州，災情慘重，許多民眾逃難到德州，美國總會發動全美志工救災，慈恆很想參加，可是當時的國際賑災年齡嚴格限制在六十五歲以下，大大超齡的慈恆被拒於門外。

但是慈恆鍥而不捨，親自向全球志工總督導黃思賢陳情，她說：「國際賑災嫌我老，國內（美國境內）賑災總行吧？」最後，黃思賢被老人家的發心所感動，同意放行了。

當時拉斯維加斯志工鄭茹菁，被徵召去休士頓擔任「三合一」採訪記錄志工，於是兩人結伴同行。由於慈恆用的是里程數換來的便宜票，所以被安排了「東飛西飛」的行程，在美國飛了大半圈，轉了三趟飛機才到休士頓；鄭茹菁為配合她的行程，花了兩倍以上的價錢買機票，陪著她東飛西飛一路作伴，事後讓慈恆很是感動。

到了休士頓以後，慈恆發現三合一志工非常辛苦，每天都要工作到很晚，她常常很羨慕地看著鄭茹菁在電腦前施展「彈指神功」，鄭茹菁鼓勵她說：「你也能啊！學就會啊！」

於是慈恆放下身段當學徒，拜鄭茹菁為師學報導，當鄭茹菁隨隊出發賑災，返回會所立刻投入筆耕記錄，慈恆怕小老師餓著了就代為打飯，七十歲的老太太一手拿飯盒、一手端熱湯，用腳頂著門，顫巍巍地送飯給鄭茹菁。

由於鄭茹菁常常趕稿子到深夜，每天早上都會賴床，慈恆總是小聲拜託同室的志工：「小聲點，讓她多睡會兒。」等到鄭茹菁起床，她已將牙膏擠在牙刷上，又趕緊幫鄭茹菁把棉被疊好，表面看來是慈恆善盡「學徒」之責，其實那是一個資深慈濟人用心照顧法親的表現。鄭茹菁深受感動，抱著慈恆說：「這樣好了，從今天起，我就收你當『乾媽』吧！」

結束休士頓發放後，志工團隊臨時收到通知，要增加行程到達拉斯去。大家忙著改機票，有的航空公司聽說志工自費去救災，准予免費改行程，有的意思意思罰款五十美元，只有鄭茹菁的不能改，因為她的行程太複雜。

慈恆很內疚，因為鄭茹菁是配合自己才會有那樣的行程。後果是鄭茹菁必須買一張非常貴的單程票，從休士頓飛到達拉斯，誰知她非但不懊惱，反而雲淡風輕地安慰慈恆說：「沒關係，先買再說，等我完成任務回頭再來和航空公司算帳！」這種果斷和乾脆的性格是慈恆沒有的，或許是互補的關係，慈恆開始欣賞這位小輩。鄭茹菁返回拉斯維加斯後，真的寫了封信向航空公司曉以大義，最後得到全額退款。

母女倆的感情愈來愈好，每天都有說不完的話；鄭茹菁的上班時間是上午六點到下午三點，每天下午三點半就會打電話向慈恆報到，慈恆也開始期待這通電話，她們無話不談，成了忘年之交！

鄭茹菁拚命工作，不知「休假」為何物，慈恆便帶著她及幾位志工一起去亞歷桑納州的紅石小鎮聖多娜（Sedona）旅遊。為了省錢，他們隨身攜帶泡麵及冷凍食品，自己在旅店廚房做飯吃，慈恆還買了一箱便宜橘子當水果，白天出門看風景，晚上就在旅店裏聚餐聊天！

有一天，他們出門去一個叫「史努比」的山頭景點，大家左看右看，看不出哪裏像「史努比」，鄭茹菁一個箭步衝到山前，在山坡地上躺了個四腳朝天的姿勢，然後言之鑿鑿地大喊：「就是這樣的史努比啊！」讓大家笑出了眼淚。

晚上回旅店之後，發現有一對夫妻看上了那箱橘子，體貼的太太剝開每一顆橘子都嘗了一瓣，甜的才給先生吃，可是，大半箱的橘子都是酸的，看到滿桌的酸橘子，慈恆吃也不是，丟也不是，鄭茹菁便自告奮勇「代勞」，邊吃邊被橘子酸得掉眼淚。

聖多娜的故事很多，有一次鳳凰城聯絡處在此舉辦「一日精進」，拉斯維加斯志工應邀參加，原本由慈恆主講的一堂課，最後由鄭茹菁「代母出征」，她用幽默的講辭、用心的簡報，以「賭城清蓮」為題介紹慈濟志業，從此以後，「賭城清蓮」就成了拉斯維加斯志工的代名詞。

又有一次，慈恆帶領志工前往鳳凰城護持「大愛之夜」，當晚被安排到法親家留宿，由於人生地不熟，當年又沒有 GPS 導航，所以一直在街上團團轉，最後總算找到了方向。鄭茹菁握著方向盤大迴轉，讓正在塗口紅補妝的慈恆，硬把「櫻桃小口」畫成了「血盆大口」，大受驚嚇的慈恆在大轉彎的過程中脫口而出：「我的乾—媽—呀！」讓車上一干人差點沒笑岔了氣。

別人不如慈恆了解鄭茹菁，屢有受不了她強勢作風的志工，向時任拉斯維加斯負責人的慈恆告狀；慈恆深知鄭茹菁長年在勞工市場周旋，女人當男人用，所以養成了「武裝自己」的習慣。

鄭茹菁為人大而化之，做事卻有潔癖，之所以能夠白手起家，靠的就是「認真」二字，對工作要求相當嚴格，總是要盡力做到最好，如果不聽她的就要翻臉，因此，常常有人去向慈恆抱怨。

慈恆總是告訴他們：「那隻母老虎（指鄭茹菁）兇巴巴，可是她吃軟不吃硬，有事好好溝通，順著老虎的毛往下摸，順著她一點就可以成事，要不然母老虎可能會咬你一口！」聽完慈恆的開解，告狀的人往往一笑泯恩仇，不再跟鄭茹菁計較，慈恆又把同樣的話說給鄭茹菁聽，鄭茹菁聽了頗感慚愧，從此較為收斂。

原本應該是做女兒的照顧乾媽，沒想到鄭茹菁卻在二〇〇八年病倒，剛開始是反覆發作的膽結石，醫師主張「不開刀」，但是痛起來要人命，血壓經常飆過兩百，慈恆陪伴鄭茹菁多次進出醫院急診，度過一個又一個等待注射止痛劑的夜晚。

後來，擔任護理師的志工高翠玲，為鄭茹菁介紹慈濟人醫會的醫師，才知病情並非膽結石如此簡單，而是膽管阻塞、膽囊瀕臨破裂，決定緊急開刀割除膽囊。

開刀地點選在距離拉斯維加斯二十英哩外的一個新醫院，鄭茹菁被排在當日的第一刀，慈恆天未破曉就載著病人赴醫院，母女倆在車上欣賞沿途風景及旭日東升，彷彿不是去開刀而是遠足踏青，鄭茹菁感覺自己是最幸福的病人！

開完刀以後，過了幾個月健康日子，鄭茹菁又病了！同年十二月，慈恆半夜接到電話，獲知鄭茹菁鼻血流不止，被送上了救護車，馬上趕往醫院陪伴。急診醫師為鄭茹菁止血後便放她出院，隔日又反覆，血色素一路從十二降到三，在加護病房被醫師宣布放棄，鄭茹菁拉著慈恆的手懺悔：「乾媽，對不起！我總是對您那麼兇……」所幸手術後救回一條小命，療養期間，慈恆一人獨守病重的乾女兒，法親之情流露無遺。

「三寶」「三嬌」，同心協力

二○○六年十二月十日半夜十一時起火，直到隔日上午才撲滅火勢，位處一樓的慈濟拉斯維加斯會所受到波及，燒成一片廢墟。

消防局因安全考量，沒有在第一時間開放火災地點，但從外面的焦黑一片，可想而知靜思小築擺設的書本、產品皆付之一炬，近期內恐怕無法滿足社區大眾對書籍方面的需求；會所內的家具、電器、海報等可能也全數燒毀，最心痛的是志工製作的活動海報，許多精彩照片都已絕版。

當志工們站在一片廢墟前，茫然不知所措，慈恆拉著大家的手說：「不要慌，先搶救未被燒毀的物件。」當年燒得只剩下一個宇宙大覺者像及旁邊的一盆蘭花安然無恙。

火災之後，附近一家建築器材店老闆林聰海，主動出借店面一隅給慈濟，讓慈濟會務照常進行。當地淨宗學會的居士們也過來探望，為志工們打氣：「沒關係，愈燒愈旺！慈濟在拉斯維加斯會愈做愈好！」

當年的慈濟美國總會執行長葛濟捨及全球志工總督導黃思賢立刻到賭城展開關懷，鼓勵志工購買自己的會所，於是慈恆帶著大家四處尋找新會所，終於找到一個八千平方呎的好地點，然後組隊回臺灣向上人請求祝福並獲准購買，順利於隔年三月搬進新會所。

新會所是一座空曠建築物，一切從零開始。慈恆考慮到多功能使用的會所，既要是靜思流通處，又是人文表演的廳堂，於是請活動幹事林妙琪及總務幹事許忠仁醞釀出舞臺的雛型。許忠仁繪圖設計後，志工從Home Depot買回一片片木板及一顆顆鐵釘，由號稱「賭城三寶」的許忠仁、顧正凱及

Chuck Edwards，開始敲敲打打，連著幾天幾夜，一釘一板地敲打出慈濟在拉斯維加斯的新家。

許忠仁的妻子林秀蘭返臺前，特別交代拉斯維加斯的志工照顧許忠仁，如果「不乖」，務必打電話向她報告。誰知林秀蘭前腳登上飛機，許忠仁後腳就跑到會所開工，每當夜幕低垂，林秀蘭就得隔海來電囑咐女兒：「叫你爹地趕快回家！」

舞臺動工之前，許忠仁親手為拉斯維加斯會所做了一個精緻莊嚴的講臺，當總會的辜思浩及加州來訪的志工到會所參觀，看到這個人見人愛的講臺，紛紛向許忠仁下訂單，一口氣訂了六個講臺。慈濟人乘許忠仁「孤家寡人」之際善加「利用」，讓他在三天內做好六個講臺，慈恆感到與有榮焉！

慈恆尊稱許忠仁為「有求必應師兄」，舉凡會所門戶鑰匙壞了、儲藏室加裝門鎖、需要講臺、甚至活動舞臺，無論大事小事全找「許師兄」，而他一定會給一個滿意的答覆。

慈恆讚揚許忠仁多才多藝、允文允武，大學主修外文系，在慈濟承擔翻譯工作；來美後曾經開過餐館，果雕功夫一流，就連香積組也自嘆弗如；而他的一雙巧手也能做「粗活」，看他做工對慈恆而言真是一大享受，幾塊不起眼的木板竟能化腐朽為神奇，讓人歎為觀止！

當時已接近拉斯維加斯聯絡處的五周年慶和新春祈福活動日，許忠仁要開工做一個活動舞臺，顧正凱及 Chuck 也趕來湊熱鬧；顧正凱的拖車載木板，Chuck 作副手，「賭城三寶」趕工三天三夜，每晚都做到半夜十一點多，終於趕在大活動之前完成舞臺。

顧媽媽說：「兒子一聽說慈濟有任務，馬上就放下旅館的生意，給老爸老媽去打理！」又開玩笑說：「乾脆把兒子捐給慈濟吧！」羞紅了臉的顧正凱站在老媽身旁笑而不語。

Chuck 和妻子劉淑慧從愛荷華州搬到拉斯維加斯定居，在慈濟找到溫暖的家，認識了許多新朋友，當妻子去上班，Chuck 在家感到很無聊，所幸有慈濟家人。會所搬進新家之後，Chuck 得到了重要任務，他和顧正凱分工合作把會所粉刷得乾乾淨淨，又把高高的棕樹葉修整好。他常常自己騎腳踏車到會所，每到會所就會給慈恆一個熱情擁抱，然後甜甜地告訴每一位志工：「你是我的好朋友（You are my buddy）！」

另一方面，負責做細活的「賭城三嬌」——黃寶珍、李寶根及陳妙子也沒閒著，忙著用藍色的布做舞臺四面圍裙，黃寶珍和陳妙子帶了兩臺縫衣機到會所工作，李寶根負責剪裁。

黃寶珍在兩天內用十五小時把藍色的圍裙打成漂亮的折子；陳妙子因為家住得比較遠，得在天黑之前回家，即便如此，也辛苦了九小時配合趕工。沒有她們三位的投入，拉斯維加斯的活動舞臺就不可能那麼有特色！

慈恆感恩拉斯維加斯的「三寶」與「三嬌」，同心協力把活動舞臺做得又快又好，又漂亮又實用，參加五周年慶的一百六十位來賓都讚不絕口！等到林秀蘭返美那一天，慈恆很恭敬地向她報告：「感恩您『贊助』許忠仁師兄，慈濟已做了充分利用，現在完璧歸趙，敬請查收！」

背愛回家，遠離飢餓

進駐新會所之後，慈恆積極投入社區、走入當地社會，當時貧困學童的問題最是困擾拉斯維加斯社區；原因是卡崔娜颶風災害，讓美國的經濟問題漸漸浮上檯面，民眾逃難到其他都市，將問題帶去了其他地區，拉斯維加斯也接收了為數不少的受災民眾。

過了一段時間，美國總會又徵召乾女兒鄭茹菁去紐奧良，報導當地義診及關懷陪伴事宜。慈恆聽乾女兒說，風災過去許久，紐奧良殘破的房屋多半未能恢復原狀，橘紅色的標記提醒人們海水淹沒的深度，被颶風摧毀的醫院、被迫離職的醫護人員，悄悄地人間蒸發了，滯留城內的人鮮有就醫機會，許多人仍在風災的波濤洶湧中載浮載沈，有位民眾說：「一閉上眼睛，彷彿就有嗆鼻嗆喉的海水強灌進來。」

有人從此暴飲暴食、變相享受人生，路易斯安那州和密西西比州是卡崔娜颶風受創最深的兩個災區，諷刺的是，這兩州也在全美最肥胖人口排行榜名列前茅，因此有人選擇逃離傷心地，其中有部分人口撤退到了拉斯維加斯，至今尚未恢復元氣的大有人在。

颶風災後，慈恆除了領導志工配合官方的賑災活動，並接手「長期關懷慈善聯盟（Long Term Recovery Committee，簡稱 LTRC）」及其他慈善團體轉介的個案，在卡崔娜的風風雨雨之中，牽著受災人們的手跋涉苦難。

遷居拉斯維加斯的民眾雖獲政府補助，但仍存在著「有一頓沒一頓」的窘迫，當時在克拉克郡（Clark County）登記有案的「街友子女」學生近四千人，週一至週五可由學校供應免費午餐，每到週末孩子們就得面對飢餓的煎熬。

聽說有孩子整天睡覺企圖忘記飢腸轆轆，也有孩子用麥當勞的番茄醬包泡熱開水「煮」成番茄湯過日子……慈恆聞之鼻酸，因此有了「校園愛心背包」發放計畫（School Back Pack Program）的構想。

首先發起校園愛心背包發放計畫的是愛心團（Corp. of Compassion），該慈善團體在卡崔娜颶風發生後成立，主要協助流落拉斯維加斯的卡崔娜災民安身立命，由史卡特·薩立文（Scott Sullivan）私人捐款五十萬美元創始，註冊商標是由很多「心」集合在一起。

當時的「校園愛心背包」，以拉斯維加斯某賭場捐贈的藍色旅行袋，包裝兩日份量的罐頭食品及餅乾乾糧，每週四在愛心團倉庫打包，週五下午三時送到特定學校發放，學生必須在隔週一、二將背包送回，回收後的背包則於週四再打包、週五再發放。

愛心團志工採有給制，因此每個背包的成本，是食物七美元加行政費用三美元（支付車馬費）等於十美元；而慈濟背包的最初成本只要五塊半（批發商提供批發價），且不需行政費用。

為了順利推動「校園愛心背包」發放計畫，慈恆邀約拉斯維加斯慈濟志工在二〇〇六年七、八月間，輪流以客卿角色陪同愛心團發放、接受培訓，直到九月慈濟第一次的「校園愛心背包」發放，才由九名志工到學校主導，愛心團總裁史卡特及計畫負責人高瑞也到場打氣。鄭茹菁利用機會向史卡特介紹慈濟，並成功募款一百美元，寫下慈善團體之間良性互動的佳話。

「校園愛心背包」的發放是根據學校提供的名單，每個孩子都有特定的背包號碼，如此可登記孩子的過敏食物或特殊需求。有的孩子對花生醬過敏，慈恆交代志工們打包時得避免花生口味的食品；有的孩子家裏有更多挨餓的兄弟姊妹，慈恆又要酌情增加份量，免得家裏其他孩子受苦，食物背包的內容並非一成不變。

慈濟認助的學校是約翰．派克（John S. Park）小學，二〇〇六年開始發放時，校方登記了八十二名學生，慈濟提供每週一百一十個「校園愛心背包」。該計畫由慈恆指派志工鄭榕娟統籌，從採購、打包到發放，每週約動員十名志工。

據克拉克郡學區調查，需要發放「校園愛心背包」的學校有十五個，大約有一千兩百名學生仍在「校園愛心背包」發放計畫的等候名單中，慈恆積極聯絡地方賭場及機關行號，期待接引有力量的菩薩，一起發放更多的「校園愛心背包」。

此舉感召了鄰近教堂加入，每週捐贈三十個乾糧袋，教堂的乾糧種類和數量還比慈濟的「校園愛心背包」內容更豐富呢！

校方安排在室內體育館發放背包，學生守秩序地排隊，慈恆及志工團隊親切問候發放，孩子們靦腆稱謝，大約一個鐘頭的發放，在愉快的氣氛中圓滿結束。經過近三年的互動，慈濟志工及校方、小朋友之間，愈來愈熟稔，每到週五，孩子引頸盼望「藍天白雲」的光臨。

一個天真無邪的小男生領了「校園愛心背包」後，對慈恆「咬耳朵」說：「我爸爸媽媽寫了封信給你們耶！」然後拔腿跑回教室去拿信，信上歪歪斜斜的字跡充滿童趣，顯然是父母口述、小朋友代筆的傑作，「非常感謝你們送食物給我家的孩子！」

雖然只是簡單的一句話，但孩子感恩的神情、愉悅的動作，讓志工「搬有運無」的辛苦瞬間化於無形。

小男孩奧騰在信中感性地寫著：「把食物送來給所有挨餓的孩子是非常慷慨的，送給我們的食物都那麼好，您們怎麼能夠做得這麼棒呢？我好喜歡您們的這個計畫。」

一封來自白恩的信，讀來令慈恆心酸：「謝謝您們為我送來的食物，如果要我給您們打分數，我會打上A+++，因為您們送來的都是我夢寐以求，一直想要卻買不起的，再一次感謝您送給我的食物。」

小女生安娜以工整的字跡寫下：「我真的好喜歡這個計畫，背包裏有些食物我以前吃過，有些沒吃過，但那些沒吃過的東西其實滿好吃的，非常感恩校園愛心背包計畫及送食物的志工，但願這個好計畫一直持續下去。」

特教班的小朋友用五顏六色的圖案，表達自己說不出口、寫不出手的滿心歡喜，體貼的老師在圖畫上幫小朋友寫上「Thank You」，並加上孩子的姓名。

雖然只是短短的幾句話，卻是孩子的真心話，純真得令人心疼，主導「校園愛心背包」發放的慈恆，衷心祝福孩子們有個不挨餓的週末。

每次發放，孩子們雀躍的心情都寫在臉上，目不轉睛地盯著藍色的旅行袋，也注意著其他小朋友的「行動」。

有一個小男生，突然指著一位背著兩個「校園愛心背包」正要離開的小朋友大聲問：「為什麼他有兩個？」後面的小朋友也跟著問：「為什麼？」一旁的老師耐心地對孩子解釋：「他幫弟弟拿另一個。」不服氣的小朋友又說了：「我家裏也有弟弟啊！」老師溫柔地摸摸他的頭告訴他：「必須就讀這個學校，名字列在名單上才可以。」慈恆聽在耳裏、痛在心裏，多希望自己有多餘的愛心背包，可以送給每一位期待的小朋友。

在這個燈紅酒綠的城市中，拉中「吃角子老虎」大獎，而一夜致富的幸運兒固然有之，但隱身社會黑暗面的弱勢者，又該何去何從？在電視媒體大賣「減肥廣告」、太太小姐想花錢甩掉贅肉的今時今日，可有人想過那些聞「週末」而色變，必須連續兩天靠睡覺及喝番茄醬泡水的窮孩子？慈恆說：「唯有讓孩子受教育，他們才有機會揮別貧窮。」

天堂街友，人間送暖

漢德城（Henderson）是美國人口成長最快速的城市之一，既接近繁華的都市拉斯維加斯，又享有學校、醫院、綠地及圖書館等完整社會資源，因此成為退休人士的最愛之地。

很難想像在此房價偏高、居民品味「蓋高尚」的漢德城，竟有無家可歸、沒飯可吃的流浪漢，而照顧這群徘徊在天堂角落街友們的，不是政府有關單位，而是民間團體——沙漠之友基金會（Friends in the Desert Foundation）。

沙漠之友在漢德城舊市區，服務街友十七、八年了，每日供應近百份熱食，週末無休。供應熱食的志工說，「只要是飢餓的人，都歡迎到這裏享用晚餐，不需要身分證明，也不用任何手續。」大約有八名志工輪流承擔管理，從採購、烹調、供食到打掃一手包辦，所有志工都分文未取。

居住在漢德城的慈恆得知後，主動聯繫沙漠之友，取得共識後，決定前往發放熱食。在沒有政府補助的情況下，沙漠之友需要社區的大力支持，慈濟又邀請到「熊貓快餐」一起種福田，為街友供應專業快炒的素食。

慈恆將沙漠之友的發放，規畫為年度慈誠、委員培訓課的第一個動態課程，志工們穿戴口罩、圍裙、手套，專業行頭半件不少，遵照衛生局規定標準為街友服務。志工們會利用晚餐前的空檔，攜手表演手語歌，由慈濟人口琴伴奏，然後入境隨俗地邀請街友合唱「天佑美國（God Bless America）」，雙方友善地互動；街友也尊重慈濟的佛教儀式，祈禱、供養之後才歡喜就坐，享用餐點。

在慈恆的領導下，慈濟人的用心從準備素食開始，到運送、分菜、端送上桌、話家常、送客，外加娛樂表演，每一個細節都有專人把關，務求每一個行動都環環相扣，每一個活動都盡力做到最好。

雖然只是一頓晚餐，志工把每次活動都當作大事來辦，當街友低頭用餐，一次又一次把空盤子舉到志工面前要求加菜，志工總是以最快的速度為對方「努力加餐飯」。

一般而言，出席用餐的街友並不完全是「本地人」，有的人暫時落難，找到工作就脫離這個團體，這是沙漠之友最樂見的結果；有些人惶惶度日，轉眼間已在那兒吃上了五年飯，彼此間從「街友」變成「飯友」，志工們也一樣用愛心來服務他們。

從北加州來的艾瑞克因家庭矛盾而來到拉斯維加斯，離家到此只為聽說「拉斯維加斯有全世界最棒的餐館」，沒想到供他飯菜的卻是沙漠之友；艾瑞克目前打零工，準備存夠錢就回去和家人團聚。

當他被問及住處，艾瑞克用閃爍的眼神，吐出一個賭場的名字，「你住在賭場裏嗎？」他想了一下，很小聲地說：「我的意思是，附近啦！」

街友告訴慈恆，他們真的無家可歸，露宿在這個沙漠之中。在這個夏熱冬冷的地理環境裏，他們究竟如何生存？慈恆不忍心再想下去了！當一個又一個的街友提出「下次再來」的約定，當沙漠之友的志工拿著行事曆追問慈恆「下次行程」，當他們淺嘗「慈濟」的滋味，尚未與慈濟人分離的那一刻，沙漠之友好像就懷念起慈濟的味道了！

洗腳修趾，盲友解顏

海倫·凱勒說：「一個人的力量有限，集合眾人的力量就可以做很多事。」或許正因為她的先見之明，至今仍有許多人受到這句話的鼓勵，而持續為周遭的盲友提供協助。

坐落於拉斯維加斯舊市區的盲人中心自成立以來，由獅子會及一些私人機構於星期一、二、四、五，為大約七十位盲友提供免費午餐。因經費緣故，星期三只能供應自費的墨西哥餅（Taco），對於阮囊羞澀的盲友而言，星期三便成了飢腸轆轆無處訴的代名詞。

因為許多盲友經濟困難，一天只能吃一餐，每到星期三只能在黑暗中聞著Taco的香氣，忍受飢餓的煎熬。拉斯維加斯的慈濟醫療幹事高翠玲獲知此事，便向慈恆報告，希望能夠組隊到盲人中心提供服務。

慈恆聽說，有一位來自越南的藥劑師崁（Khan）非常發心，長時間帶領學生們於每週三到盲人中心當志工，自掏腰包做三明治供應給需要的盲友，但受限於經濟，每月只能供應一兩次，於是慈恆動員志工們發心投入盲人中心的服務計畫。

自二〇〇七年四月起，志工風雨無阻地在每週三到盲人中心，為盲友準備午餐，每月一次舉辦慶生會，每三個月協助足科醫師馬瑞克（Marek）為盲友剪腳趾甲。志工事先為盲友將腳洗好、泡水使趾甲變軟，抹上乳液，讓醫師修剪的工作較為容易，也使盲友們的足部更健康舒適。

有位盲友珍妮特問志工林濟克能否吹奏〈你是我的陽光（You are my sunshine）〉，當口琴聲響起時，她便拉開喉嚨、引吭高歌了起來，歡樂的氣氛立刻感染了周圍的人們，大家都跟著旋律唱和著，笑容在許多人的臉上綻放開來。

志工們戴上林濟克準備的手套，開始為盲友洗腳。洗好腳擦乾後，馬瑞克醫師便開始剪腳趾甲，他已經為盲友服務二十多年了，也為另外四間老人院提供剪腳趾甲的服務。馬瑞克醫師對慈恆說：「第一次有志工來幫忙洗腳，這使我修剪的工作順利許多。」

馬瑞克年屆五十，看起來和藹可親，慈恆告訴志工：「千萬別小看了剪腳趾甲的工作，當醫師的助手將剪刀一字排開，使用前後均用酒精消毒過，在換剪、遞剪的動作中，足可媲美開刀房中換手術刀的畫面，剪腳趾甲雖是小事，但馬瑞克醫師卻仍當做一件大事來處理。」她懇請志工也要以最恭敬的態度「浴佛足」！

慈恆記得有一位美籍非裔老太太，腳腫且有瘡疤，志工洗她的腳時還特別小心，深怕洗痛了她，馬瑞克醫師一看到她的腳，便問她是否有糖尿病，一旦證實，就熱心地為她介紹居所附近的足科醫師，而不是要她來自己的診所看腳。慈恆對這位替病人著想且富有愛心的醫師，佩服得五體投地！

剪完腳趾甲後並不是立刻穿回鞋襪，貼心的高翠玲準備了乳液，將盲友們的腳上油保養一番，有兩位盲胞直嚷頭一回這麼舒服地被修剪腳趾甲，簡直像在天堂中，真是舒服透了！

高翠玲注意到有盲友連襪子都沒有，心下就開始盤算下次要買雙襪子送他。慈恆非常讚歎她的細心與愛心，並立即將其心願付諸實現。

看到盲友們臉上幸福的笑容，慈恆心裏充滿了喜悅，那是「浴佛足」後的法喜充滿，只有付出而無所求的人才能充分體會。慈恆感恩上人的教誨，沒有上人耳提面命要慈濟人放下身段，連父母的腳都未曾洗過的志工們，怎能彎得下腰去洗陌生人的腳？

「拉師回家思（拉斯維加斯）」的志工們真是有福報啊！慈恆發願發揚光大慈濟宗門行菩薩道，帶領大家攜手努力精進！

每年耶誕節，志工都與盲友共度佳節，禮物包括慈恆向總會申請的暖和毛毯、洛杉磯一位愛心廠商提供的棉襪，以及志工親手編織的漂亮圍巾等，分別在耶誕節及新年期間分兩次「送禮」。

看到盲友用手撫摸那柔軟溫暖的禮物，由淺而深的笑意自嘴角揚起，乃至充滿笑容的表情，還有什麼比「被人關心愛護」，更讓人高興的呢？

當盲友咀嚼著慈濟人準備的素食，擁抱著七十個寶特瓶回收製成的毛毯，儘管他們「看」不到眼前的藍天白雲，卻感受得到慈濟人特有的親切。發自肺腑的「God Bless You（上帝保佑你）」表達了盲友的謝意；愈來愈多的慈濟人投入這項服務，樂意「牽盲人的手，走光明的路」，黑暗世界因愛的芬芳而有了春天的味道！

賭城招兵，締造淨土

慈濟於二〇〇七年至二〇〇八年間推動「克己復禮，全民減碳」運動，邀約大家一同隨手減少廢料，從個人、家庭、社區到整個社會，力行環保，保護地球。

志工走入社區、拜訪機關團體，每週四下午二至四時開出「慈濟列車」，到各機關團體收集環保物資，希望藉此引發大眾正視環保議題，一起投入「與地球共生息」的行動。

美國拉斯維加斯的頂好超市總經理陳國興立刻帶頭響應，允許慈濟每週一上午十一時至下午三時，在頂好廣場設置環保攤位，舉辦資源回收活動。為陪伴賭城社區的環保之路，陳國興在頂好超市易主後，仍留守在拉斯維加斯推動環保，一直到聘用他的學校開學，才趕赴中國大陸執教。慈恆非常感恩他的護持，因為他，慈濟在拉斯維加斯的環保志業才能早早開花結果。

每週四的「與愛有約」，讓慈濟志工和社區大德結了好緣，慈恆更以七十高齡「勇於承擔」，經常搶著要做司機，很多八十歲以上志工，也暫時忘記自己的年歲，上樓下樓搬運環保物資，一點都不輸給年輕人。

或因此故，感動了許多美國在地人，Health South 復健中心及 Athletic 健身房等團體都主動邀請志工前往回收資源，就連內華達州立大學拉斯維加斯分校的大學生，也來慈濟會所取經。

為了接引更多環保志工，慈恆決定先培養環保幹部，首先被她相中的是黃寶珍。黃寶珍自二〇〇八年回臺尋根，到過南投鹿谷環保站參觀後，就想回美國做環保；二〇〇九年暑假從加拿大回美後，遇上原負責環保的陳振和告假數月，便主動承擔，每個星期一到會所做環保。當時環保志工人力少，最多時只有八位。

為了招兵買馬，林碧桃與黃寶珍自費供應午餐，邀社區會眾一起做環保，結束後又負責清理場地，使得環保志業蒸蒸日上，志工人數隨之增加，最多曾有五十二位志工同時出動作分類，平均而言，每個禮拜有二十至三十位志工到場服務；回收販售所得從每月三十五美元逐漸到兩百四十美元，目前的最高紀錄是一千四百二十元。當黃寶珍得知五十磅紙類等於一棵二十年的大樹，她就與胡萍夫婦聯繫。他們在中國城送中文報紙，過期的報紙都當垃圾處理，經過互動，他們願意把全部舊報紙捐給慈濟，每個月有六千多磅，真是「垃圾變黃金，黃金變愛心，愛心化清流，清流繞全球」。

環保志工相處一室做垃圾分類，語言不通是最大問題，有的說廣東話，有的講潮州話，有的講英語，最開心的時刻是用餐，大家一齊唱〈供養歌〉，不分宗教與國界，一起做環保、愛地球，在這個醉生夢死的都市締造一片人間淨土！

隱身車棚的環保志工埋首清理瓶罐，有人扭瓶蓋，有人踩瓶罐，蹦蹦跳跳的隊伍中，多的是孩子的身影，孩子也許不知道「乾淨的地球」有多重要，但是到環保站「度假」還真的很有趣！

環保組長陳振和用小跑步，周旋在回收業卡車及回收物資之間，看到他肩上白花花的一片，志工走過來好心地拍拍他肩膀上的灰白，陳師兄一面靦腆說「感恩」，一面解釋衣服不是弄髒的，而是汗水累積成鹽分貼在衣服上。他雖是一組之長，但總是「走在最前，做到最後」。

為了獎勵環保志工冒著酷暑做環保，顧正凱特地搬來刨冰機，眾女將也隨之獻出芋頭、湯圓、芒果、鳳梨等甜品配合刨冰，提供志工享受「一冰入口，萬暑皆消」的清涼！

老美麥可（Michael Lenford）及娶了日本太太的郭家維是慈濟的「少數民族」，他們入邦隨俗盡量說華語，雖不流利但很誠懇。顧正凱、麥可及郭家維是環保組的最佳拍擋，三個人的燦爛笑容，為環保志業寫下註解：「慈濟環保站是拉斯維加斯最快樂的地方！」

跨州賑災，刮目相看

慈恆落實拉斯維加斯慈濟會務後，決定帶著志工「走出去」，協助其他會所的救災事務；當二〇〇七年聖地牙哥再傳野火災情，拉斯維加斯志工應美國總會之邀，組隊前往賑災，慈恆載著志工林碧桃、劉淑慧及李琴英等加入慈濟不到一年的生力軍前往加州，這是她們第一次跨州賑災。

第一天趕到聖伯納汀諾（San Bernadino）災區，已超過下午一點，加州的志工們已分配好工作，孫慈喜請慈恆等人到處觀察及了解環境，因此有幸與志工章惟豪編入同組。

章惟豪為新到的志工詳細解說：「剛到聖伯納汀諾之初，慈濟人尚未得到允許進入災區，第二天，忽然有一位女士直奔紅十字會和聯邦急難救助管理局的攤位，大叫：「慈濟在哪裏？我需要慈濟幫忙，我家被野火燒光光啦！」原來，這位女士曾在二〇〇三年加州野火時，接受過慈濟的救援，特別相信慈濟。

還有一位單親男士帶著四個小孩，住宿在小旅店裏，二〇〇三年也曾經接受過慈濟的援助，還沒找到慈濟前，他把旅店的電話號碼交給紅十字會，要求轉交給慈濟。章惟豪帶著大家前往探視時，好多受災民眾都跟志工打招呼，就像是老朋友一樣。

第二天上午五點不到，趕了兩個半小時的路程，抵達聖地牙哥聯絡處。拉斯維加斯志工被分配到福爾布魯克（Fallbrook）災區，老遠就聞到空氣中有濃濃的燒焦味，呼吸也感到困難，但是娘子軍巾幗不讓鬚眉，慈恆帶著「小兵」開始投入賑災工作。

見一位瘦弱又單薄的女士，全身都在發抖，慈恆趕快幫她披上一條毯子，讓她感覺到慈濟的「溫暖」。她告訴慈恆，有一天去看眼科，醫師進入診間直接告訴她：「你得了肝癌。」她一時不能接受，便問醫師是否走錯診間，希望他找的是另一位病人。

自那天開始，她必須接受定期檢查及各樣化學治療，近年又得了乳癌，她用的藥很多，都儲存在冰箱裏，房子著火時，所有的藥品都隨之燒毀……

女士說著說著崩潰痛哭起來，慈恆擁抱著她，讓她在懷裏盡情哭泣。

一對中年美國夫婦對林碧桃說：「你們沒有白皮膚，沒有金頭髮，更沒有碧綠色的眼睛，但是卻千里迢迢趕來救我們，沒想到在自己的國家，現身救援的竟是來自東方的慈濟人，眼前的這一幕讓我非常感動……」

慈恆坐下來安慰他們，先生是六呎多高的大男人，雖然盡力控制自己的情緒，但當他接受慈濟支票時，仍然激動地哭出聲來！

慈恆又載大家到七千多呎高的箭頭湖（Lake Arrowhead）災區，在一所天主教教堂前發放了近一百戶受災民眾。黃昏前下山趕回拉斯維加斯，大家在車內爭先恐後地分享賑災心得。

三位新志工雖然還在見習，但是工作效率讓人刮目相看，劉淑慧管理支票和記錄，有一次，電腦出來的數目有出入，她信心十足地表示自己的記錄是對的，果然，事實證明她是對的。

林碧桃的三位姊姊都是慈濟委員，她讀了十六年慈濟文宣，把上人的法和慈濟的信念背得滾瓜爛熟，她負責向受災民眾介紹慈濟，並指引填表。李琴英年逾七十，以一顆純真和善良的心接待災民和影印文件，此行交了許多加州的朋友，被封為拉斯維加斯的「親善大使」。

她們齊聲說：「以後有賑災的機會，別忘了幫我們報名哦！」她們樂意跟著慈恆上山下鄉做慈濟，滿載幸福而歸！

關懷急難，風雨無阻

亞利桑那州有一個小鎮哈瓦蘇湖（Lake Havasu），小鎮裏有一座模仿英國的橋，也叫倫敦橋（London bridge），讓人聯想起兒提時代常哼唱的民謠〈倫敦鐵橋垮下來〉。

二〇〇六年，十六歲活潑可愛的鄭小妹，以交換學生名義從臺灣桃園來到美國求學，原計畫一年期滿就飛回父母身邊，誰知道竟在回家前兩天出事，差點丟了小命。

當天氣溫很高，天氣非常熱，鄭小妹與寄宿家庭的八歲小男孩在住家的游泳池戲水，小男孩拿著塑膠水管澆水，鄭小妹不明原因在池中溺水，雖然住宿家庭的小男孩非常機警，立刻打電話向九一一求援，但鄭小妹仍在水裏停留長達十多分鐘，因腦部缺氧過久，一直昏迷不醒，情況並不樂觀。

臺灣慈濟接獲報案求助，立刻轉知美國慈濟總會。得知鄭小妹從哈瓦蘇湖轉到拉斯維加斯兒童醫院的加護病房繼續治療，美國總會又通知了慈恆。接到電話後，慈恆立刻與陳振和趕往兒童醫院。鄭爸爸和鄭媽媽兩人不分日夜地站在女兒床邊，有時鄭小妹會不自主地全身顫抖，看在父母眼裏，心也跟著顫抖，還好醫師用藥把這些症狀控制住了。因為醫師搶救得當，經過十天加護病房的治療，鄭小妹終於轉入普通病房。

搬到普通病房後，鄭小妹的神智一天比一天清楚，慈恆擔心他們不適應美國醫院的食物，每天去探訪都帶上素湯麵、河粉等，這些好吃的素食來自志工開的一家「齋鹵味」小餐館。鄭家父母特別感謝「齋鹵味」老闆娘小蘭師姊提供的愛心素食，以及慈恆風雨無阻的關懷陪伴！

有一次，慈恆想換些花樣，帶了兩盒餅乾和一盒巧克力糖。當她摸著鄭小妹的手臂，對她說：「我帶了巧克力糖給你吃，你喜歡吃巧克力糖嗎？」一鄭小妹的手臂居然動了一下，小臉也出現喜悅的表情，沒想到巧克力糖的吸引力還不小呢！

在美國，有三個住宿家庭輪值照顧鄭小妹的學習及生活，其中一家夫婦都是醫師，先生是急診科的醫師，他非常有愛心，很擔心鄭小妹回桃園飛機途中的十五小時看護，自願陪伴鄭小妹，與她的父母同行返回臺灣。慈恆居間擔任雙方的翻譯，非常敬佩住宿爸爸的愛心！

所幸鄭小妹的恢復超過預期，等到她能夠自行呼吸，就在鄭爸爸的安排下，自拉斯維加斯搭乘醫療專機到洛杉磯轉機返臺。

美國總會關懷團，包括孫慈喜、王慈倫及張良瑋特別前來拉斯維加斯，偕同慈恆等志工，一起唱誦佛號為鄭小妹祈禱，祝福她早日康復。這是慈恆接任負責人後的第一個個案，因此印象特別深刻。

蓮華出汙，清芬遠揚

拉斯維加斯聯絡處於二〇〇二年十一月十九日成立，慈恆選在二〇〇七年十一月十八日在拉斯維加斯希爾頓大酒店（Las Vegas Hilton Hotel）舉辦愛心宴，廣邀全美慈濟人凝聚愛的力量，在五周年這個特別的日子，散播愛的種子。

那是拉斯維加斯第二次舉辦愛心宴，二〇〇三年的「處女秀」規模較小，四年後隨著志業的蓬勃發展，參加人數也從三十六桌增加到五十二桌。在推開宴會廳大門的那一剎那，入場佳賓無不對場內及桌面布置驚豔不已，在那些讚歎聲的背後，隱藏了慈恆及幕後志工的許多心血。

籌備近一年的「愛心宴」承蒙美國總會護持，當年的執行長葛濟捨與孫慈喜伉儷、總務組辜思浩及人文組陳清旺伉儷等多次領隊前來開會協調，從場地、募款、票務、節目、餐飲、拍賣、彩券、人員，到竹筒歲月和靜思文化推廣等大小細節，逐一溝通，並達成共識，總會並代為邀請男高音張志成到賭城助陣。

在賭城募款期間，有一位大德問南加州的慈照師姊：「最近慈恆在忙什麼？」慈照師姊告知，因為拉斯維加斯買了新會所，慈恆帶領拉斯維加斯團隊籌備五十桌的愛心宴要募款。這位大德聞言，眉頭不皺一下就捐出十萬美元，另外張恭逢醫師、陳建全醫師也是捐榮董的大菩薩，他們都是慈恆的好朋友。

「年僅五歲」的拉斯維加斯聯絡處辦桌，好人緣的慈恆頻向鄰近志工招手，請求支援，南加總會有超過一百二十位志工前來助陣，包括一組三十人的手語隊、三十人的人醫愛樂團、花道老師及各功能組精英，有人搭飛機、有人開車，也有組隊租巴士浩浩蕩蕩前來，用歡顏笑語為愛心宴加分。

當來賓穿過賭場叮噹作響的老虎機來到愛心宴會場，立刻籠罩在慈濟人文的芬芳之中，慈濟人以最美的笑容接待，來賓以最深的感動回報。鳳凰城也有八位志工前來，再加上賭城近四十位志工，動員陣容之龐大，可謂盛況空前！

愛心宴正式登場前，慈恆提議在會場旁設置攤位接引菩薩。「無聲靜拍賣」募集善心大德捐贈的珠寶藝品，以無聲競標方式請來賓簽名競價。

當日最高價賣出的是慈恆捐贈的玉戒指，得價九百六十美元，由大德Joyce 方奪標；「消費」最多的是，美麗主持人林妙琪的先生陳銘達，他一共標得楓葉壺六百美元、金箔大悲咒四百美元及祥獅獻壽五百美元等三件藝品，共計一千五百美元。

投標人數最多的是如意菩薩像及刺繡心經，當劉清梅察覺投標率節節上升，臨場又各增加一件，共募款五千三百一十美元。

「靜思文化」攤位準備了著作、影帶、音樂、產品等，其中以環保餐具最具慈濟特色，也最受來賓青睞；「竹筒歲月」攤位介紹慈濟緣起，三十位家庭主婦每日存五毛錢做善事的故事。

來賓報到後便走向各攤位選購、觀賞、認養，忙得負責推廣的志工們應接不暇。摸彩券由可愛的慈少售賣，每張五元，認購者非常踴躍，獎品豐富，頭獎由長榮航空公司提供洛杉磯—臺北往返機票一張。

慈恆記得在「無聲靜拍賣」的過程中有一段感人故事，志工林慧華為募款慷慨解囊，不惜將自己壓箱底的嫁妝——東陵玉手鐲、瑪瑙手鐲及金鑽手鍊捐了出來，她的婆婆張英化在拍賣現場發現「似曾相識」的寶物，既讚賞媳婦的「喜捨」，又不忍媳婦就此別了祖上三代傳下的「傳家之寶」，因此大筆一揮，高價買回媳婦的嫁妝。

會中，播放拉斯維加斯聯絡處五年來在社區耕耘慈善的影片。在慈恆的領導下，舉辦兒童教學、食物背包發放、老人院探訪、盲人中心與受虐之家服務，還有車禍、急難、貧病救助，以及醫學講座、街頭募款、訪視、助念、環保等，也為社區提供各種團康活動，慈濟人期許自己如同蓮華出水，在這聲色充斥的地方散播清芬，洗滌汙濁的人心。慈恆帶領志工們發願，誓把自己的肩膀，借給苦難的人依靠。

慈恆上臺致歡迎辭，她笑容可掬，充滿感性地說：「這次舉辦愛心宴，就像在辦喜事一般。承蒙加州總會及鳳凰城的師兄師姊前來助緣，還有所有志工的同心協力，沒有大家的幫助，就沒有這場愛心晚宴。更要感恩所有出席的嘉賓，沒有您的愛心贊助與支持，就不會有這場成功的愛心宴。」

愛心宴主題定名為「感恩、尊重、愛」，原是證嚴上人總括慈濟數十年來，施者、受者、工作者銘謝於心的總稱呼，因此被選為愛心宴的主題及謝幕曲。周白師兄演唱，曲調優美動聽，歌詞含意雋永，每個人的情緒都衝到最高點，晚會在溫馨和感動中，畫下休止符。如同歌詞所寫，「感恩是水，尊重是河，感恩尊重讓世界灑滿愛！」似海水、若江河、滿虛空的感恩、尊重、愛，是慈濟人對所有人、事、物感謝的心聲。

歷經慈恆及賭城團隊近一年的奔走募款、籌備推廣，拉斯維加斯聯絡處在這場愛心宴中，獲得一百多人的善心護持，募得五十多萬美元。

拉斯維加斯這個城市，可以是「娛樂之都」，可以是「賭城」，甚至有人說是「罪惡之地」，但在五光十色之中，慈濟埋下一粒種子如蓮華出水，清芬遠揚，慈恆邀約大家共同灌溉及護持，直到賭城變成一片人間淨土。

傷心之路，有「媽」依靠

賭城給人霓虹閃爍、金碧輝煌的印象，說到拉斯維加斯就好像聽見「吃角子老虎」的銅板掉落聲，前來美國的旅人若是不「到此一遊」，就好像入寶山而空手回。

然而，地處交通要塞的拉斯維加斯事故頻傳，經常發生重大車禍，對那許多非死即傷的個案而言，賭城不是天堂，而是通往傷心之路。幸有慈濟人在這傷心旅程中，提供了「中途之家」，陪伴他們走過陰霾。

二〇〇八年五月二十五日，兩位中國大陸留學生，在友人邀約下同遊大峽谷，不料回程因超車不當，而發生車禍。風華正盛的三位女學生，在照片中笑容燦爛，迎風展現她們的青春與美麗，誰會想得到一場車禍奪走年輕的生命，大峽谷成了她們生命的終點。

中國留學生的家人，盼望著她們早日回國，光耀門楣，竟成了永難實現的夢。人生地不熟的家人，搭機抵達拉斯維加斯機場，中國學生學者聯誼會負起了接待的責任。出事十天後，鄭茹菁才接獲內華達州立大學拉斯維加斯分校的請託，出面協助處理，當日即提報給慈恆，在慈濟會所召開慈善會議，立刻動身前往關懷已來美的家屬，並為他們申請急難救助金。

中國留學生會長向慈恆提出請託，希望慈濟指派志工開車載家屬處理後事，並協助助念事宜。由於路途遙遠兼路況危險，慈恆十分猶豫，最後鄭茹菁自動請纓，說服慈恆批准放行，留守拉斯維加斯的慈恆虔誠發願：「如果茹菁一行人平安完成任務，以後我都吃素。」

家屬與慈濟志工分乘兩輛休旅車，於九日清晨五時出發前往出事地點亞利桑那州旗竿鎮，當地的志工已在殯儀館等候支援。

「福無雙至，禍不單行」，大峽谷的災情竟接二連三，不久後又有巴士駛向生命轉彎處；二〇〇九年一月三十日下午四點，距離亞歷桑那州西北方約兩百英哩、接近胡佛水壩處，一輛旅遊巴士在返回拉斯維加斯途中的九十三號高速公路上翻車，造成七死五重傷的悲劇。

事發不到半小時，在大學醫院擔任護理師的高翠玲接獲消息，立即致電慈恆請求支援，當時慈恆正與志工排練即將舉行的新春祈福活動，得知意外事故，立即帶領十二位志工前往關懷協助，在直升機將病患送達醫院之前，慈濟志工已到位待命。

肇事原因據稱是司機企圖關上一扇未關妥的門，因分散注意力而失控翻車。車禍發生後，路上行駛的車輛紛紛停車加入搶救行列，六架直升機飛來載運傷者就醫，五名傷者其中一人到院前即已往生。

經過搶救及治療，仍有三位重傷者必須住院療養，志工展開了漫長的關懷陪伴。洪邦耀先生從日昇醫院轉到漢德城的 Health South 康復中心，又轉到北邊的康復中心，其間又因為肝發炎被送往聖羅士醫院（St. Rose Hospital）急救。

慈恆每日奔走在醫院及會所之間，例行的探訪早已演變成「一日看三回」的局面，自稱一輩子沒認過「乾媽」的洪邦耀，看到慈恆就像見到「媽媽」一樣，他的兒子也改口稱呼慈恆為「奶奶」。

有一天半夜，洪邦耀睡得迷迷糊糊，突然感覺好像有人在他面前吐氣，半睡半醒之間，他睜開眼睛，卻大驚失色，眼前一片黑抹抹，只出現一口陰森森的白牙，原本跌斷的腿突然有了力氣，把半夜查房的「黑護士」踢個四腳朝天，還怪人家把他嚇得半死哩！

洪邦耀對美國的印象欠佳，因為此行差點連老命都沒了；幸好，在拉斯維加斯遇見那麼多熱心的慈濟人，自己還找到了一位「乾媽」。

擁有心理學博士學位的洪邦耀表示，據他「觀察」發現，慈濟團體是拉斯維加斯好人密度最高的地方。他對常來探訪的幾位志工，都能叫出姓名，並分析他們的性情；因為常年演說講課，他信手拈來的笑話，總讓探病的志工笑到流眼淚。

謝小姐住院近兩個月，大女孩不愛說話，慈恆聽說她喜歡畫畫，就為她買畫筆及畫紙，讓她盡情揮灑；志工張愷倫也送去毛筆及宣紙，讓她練字打發時間。謝小姐不喜米食，不吃飯也不吃麵，有時突發奇想躺在病床上「點菜」，過年的時候還點了炒年糕及餛飩湯呢！

為了讓謝小姐專心養病，謝爸爸決定隱瞞妻子已往生的事實。為了尊重謝爸爸，所有病友及慈濟志工都得「配合」這個善意的謊言，慈恆很是擔心害怕「紙包不住火」的那一天。意外的是，謝小姐安靜地接受了事實，聽話出院投奔聖地牙哥的遠親，慈濟人只能默默祝福，希望她趕快好起來、面對新的人生！

最讓人心痛的是趙瑩蕾，年紀輕輕就失去了感情甚篤的夫婿，留給她的是高齡的婆婆、稚齡的兒子，還有她一無所知的事業，最無情的打擊是她下半身癱瘓，從事教育工作的她，從此將以輪椅代步。慈恆每天兩次去探望她，陪伴她走過最脆弱無助的時光。

經過六十八天的相處，慈恆衷心佩服趙瑩蕾的人生觀，已經往生的愛人，即使把眼睛哭瞎也哭不回來，是一件不能改變的事實，唯有堅強地活下去，有勇氣的人不會因環境而低頭，不會輕易被打倒！

也許是年紀的關係，除了被慈濟志工膩稱為「LKK（老得一塌糊塗之意）」，慈恆還經常被稱呼為各式各樣的媽媽，比如「乾媽」、「簡媽媽」、「慈恆媽媽」，甚至，來自千山萬水之外的受助者，都對她真情流露地喊出一聲「媽」，對於在拉斯維加斯發生不幸的人，慈恆樂意充當他們的「美國媽媽」！

【人生開講五】

幸福來了

卡里·紀伯倫說：
有些人他們給予，既不知給予的痛苦，
也不去尋求快樂，更不懷著功德之念；
他們給予就如遠谷中的長春花，
在曠野裏吐露著芬芳。

她輕輕地轉身說：「幸福來了！」
那是婉平給慈恆的最初一句話……

幸福列車，開往校園

二〇〇九年，慈濟美國總會在全美各地推動「幸福校園計畫」，為匱乏的學童發放食物、贈送制服，讓他們能安心讀書，並提供課業輔導、關懷人格發展，也藉此深入社區，為家長提供技能訓練。

此計畫綜合了全美長期關懷低收入社區學校的各項計畫，包括食物發放、獎學金發放、贈書計畫等經驗而成，以教育性與預防性的慈善服務，深入關懷低收入家庭，進而深耕社區。

拉斯維加斯是最早啟動「校園愛心背包」的慈濟會所，自二〇〇六年至二〇一〇年，慈恆領導志工在賭城總共送出兩萬一千四百二十個愛心背包，背包裏裝的不是書本與文具，而是令人充滿幸福與飽足感的食物；這些食物，幫助了無數的貧童度過飢餓的週末。

二〇一〇年重回橙縣志工團隊的慈恆，自然成為當地推動幸福校園計畫的不二人選。

目前，慈濟幸福校園計畫已在美國五個州、八個城市、二十二所學校施行，不僅照顧孩子的溫飽，打造安全、幸福又快樂的學習環境，並啟發師、親、生心中的愛與善。其中，尤以北加州舊金山支會在低收入戶學區約翰米爾小學（John Muir Elementary School）的幸福校園計畫最成功。

二〇一一年五月，橙縣團隊開始每月召開籌備會，邀約有意願參與「幸福校園食物背包」發放的志工進行培訓。

「幸福」看似無形，但幸福的暖流卻因愛的力量而流淌於校園，慈恆為橙縣志工精心安排了北上舊金山取經之旅。其中最讓人印象深刻的是，舊金山灣的獵人點（Hunter Point），那是舊金山最貧窮和落後的地區，也是政府鞭長莫及之處。

橙縣志工參觀了所謂的人間煉獄，親眼目睹生活其間的人如何討生活，難以想像他們如何面對生存壓力和種種的苦難煎熬，只能用「落寞、無助和無奈」來形容。

接任橙縣慈善功能幹事的慈恆，延伸拉斯維加斯所推行的「校園愛心背包」計畫，運籌帷幄組織了橙縣「幸福校園」團隊，工作內容包括採買、庫存管理、搬運、活動策畫和執行。每星期她都得為這個計畫，到兩家食物銀行或超市採買食物。

為了節省捐款，慈恆採購食物錙銖必較，她邀請了十位志工參加「採購團」，無時無刻不注意超市的動向，哪裏有減價的食物就往哪裏搶購。有志工打趣說，如果派慈恆去參加美國著名的電視節目「Price is Right」，她一定能奪魁，有誰比她更知道什麼東西值多少錢呢？

志工每週一就開始採買食物，週三把背包裝滿，食物的來源不只牽涉採買經費，其中更有許多善心人士及志工的奉獻。

橙縣寶法寺的法師們得知這項活動，搬了好幾箱素菜罐頭等食物到橙縣聯絡處共襄盛舉。週三中午在橙縣聯絡處上完氣功的幾位學員，看見一群志工忙得團團轉，就自願留下來幫忙。三位曾是慈濟照顧戶的墨裔年輕志工，也藉此機會回饋自己的同胞。

在紅十字會和橙縣急難救助月會中，慈恆帶領接任慈善功能幹事的朱益中認識花園食物銀行的總裁馬克．勞瑞（Mark Lowry）及參議員瓦特（Senator Mimi Walter）的祕書馬丁先生（Mr. Martin）。他們用心向兩位貴賓介紹慈濟，同時每月邀約三十多位志工到花園食物銀行協助打包。經過六、七年的良性互動，終於得到兩家食物銀行的信任，同意讓慈濟成為會員，採買食物只收一磅六分錢，水果及蔬菜都是免費供應。

正式啟動計畫後，後續的工作包含制訂幸福校園學年計畫、選擇學校並和校長溝通、選定發放場所、遴選符合發放資格的學生、規畫物資儲藏地點等，慈恆還在發放學校成立了一個「打包團隊」，鼓勵同學幫助同學。

幸福校園的活動，需要志工奉獻時間、精力來成就，在慈恆的帶領下，從羅梅羅．克魯斯小學（Romero Cruz）開始，接著是林肯小學（Lincoln）、英雄小學（Heroes）到麥迪森小學（Madison）。在此同時，慈恆也邀約教育志工承擔課後輔導，希望提升學生的數理和閱讀水平。

「老將」出招，學童受教

橙縣啟動幸福校園計畫之初，發放團隊僅有十四位志工，慈恆時常在家裏舉辦聚會，邀請大家討論如何把這個計畫做得更好。有人在會議中提出，羅梅羅．克魯斯小學位於南加州橙縣的聖塔安那市，屬低收入區，隔著幾條街就是富裕的爾灣市，很難想像短短的距離，竟是兩種截然不同的面貌，建議志工去羅梅羅．克魯斯小學發放食物背包。

自二〇〇五年起，羅梅羅．克魯斯小學即是慈濟冬令發放的對象，居住當地的慈青也與該校長期接觸，愛德娜．維雷多（Edna Velado）校長說：「我們學校有高達百分之九十八的學童，來自貧困的墨裔家庭。」

學校附近的住宅多為四〇及五〇年代的老舊建築，其中多數家庭為拉丁移民或墨西哥裔，半數家庭分租客廳或車庫作為臥室，平均每家都有六、七個小孩，因為食指浩繁而三餐不繼。

送孩子去上學對窮人家而言，不但不是負擔，反而是一種保障，孩子們從此可以在學校享受免費的早、午餐。沒上課的週六、週日，家長常常無法提供一日三餐，「挨餓」變成週末的代名詞，寒暑假更是孩子們的噩夢。

慈恆接受建議，邀約橙縣志工深入了解該校學童情況後，決定將羅梅羅．克魯斯小學做為推動幸福校園計畫的第一站，二〇一一年五月開始籌備，九月展開食物背包發放。

每當正在校園遊戲的學生，看到志工整齊列隊進入學校，就會興奮地高喊著：「慈濟！慈濟！」每週五放學前、週末即將開始時，是羅梅羅．克魯斯小學四十多位孩子最開心與期待的時刻。

慈恆認為，幸福校園計畫最困難的事情在於溝通，如何得到校長及行政人員的信任是第一要務。發放最初的前三個星期，通常由校長或行政人員出面協助「唱名」，叫出學生的西文名字，有他們陪伴發放，孩子們守規矩、安靜坐著等待。

但是，慈恆希望要由志工「親手布施」，所以努力克服志工不會念西文名字的困難，並想辦法讓慈濟人能自己帶動學生，最後終於徵得校長的同意。沒有校方人員在場「壓陣」，孩子們就像脫韁的野馬，嘰嘰喳喳有些吵雜。志工把男學生和女學生分成兩邊，從學生中選出四位「隊輔」，由隊輔帶隊依序領取背包。由於孩子絕大多數為拉丁裔，志工們恐怕唱名時發音不正確而引起嘻笑，於是請隊輔中聲音最大的同學唱名。

慈恆累積過去在拉斯維加斯的食物背包發放經驗，知道不能只是發放食物背包，還要找機會在小朋友身上散播愛的種子。發放時，志工一一為孩子們介紹物品及物品的來源，讓他們知道這是來自各方的捐助，要用感恩的心去接受，長大之後也可以學習去付出。

志工以九十度鞠躬姿勢遞上背包，孩子們領取時也跟著鞠躬回禮；志工伸出兩隻手的大拇指，比出「感恩」等手勢，孩子們很快就學會，也會用手語表達「慈濟」、「我愛你」及「普天三無」中的「愛、信任、原諒」。

領取食物背包後，孩子們迫不及待地打開，想知道有哪些是他們愛吃的？營養麵食、豆類罐頭（玉米或青豆）、水果、布丁、餅乾、薯片或一小塊糖，都可能帶給小朋友驚喜。此外，志工余素芳的姊姊開麵包店，發心每週供應每個孩子一個新鮮麵包，更是小朋友的最愛。

發放過程中，志工也會介紹環保觀念，教孩子們節約能源。慈恆準備了許多小紙條，彷彿抽獎般抽出一張，大聲念出上面的問題：「洗手的時候，水要一直開著。對不對？」孩子們有的說「對」，有的說「錯」，然後慈恆會告訴他們正確答案，並解釋原因。

經過互動後，孩子們知道當自己有能力時要幫助別人，知道回收寶特瓶和鋁罐、省電、省水能夠救地球，也知道「善待別人就是善待自己」。

此外，高齡志工教手語也是一大挑戰，發放團隊這群「老將」對手語十分陌生，又沒有時間去「補習」，只能靠練習和死記。經過三個月的奮戰後，陳脩國在慈濟網路上學會〈普天三無〉的手語，每星期五都會寫大字報歌詞，拿著收音機到學校助陣，在音樂聲中教孩子學手語，所幸孩子們都很聰明，學了三個星期便記住，比的手語比志工還棒呢！

經過九個月的相處，孩子們從原本害羞、說話時不敢直視志工，到後來有問必答。志工們進行環保和「靜思語」問答遊戲時，每個孩子都高高舉手，爭取上前回答的機會。

二〇一二年五月間，許多孩子自動登記，要上前來自我介紹，告訴大家自己喜歡的顏色、嗜好、在家幫父母做哪些家事等，顯然已逐漸建立起自信心。最讓慈恆感動的是，有的孩子會自動上前，給慈恆一個愛的擁抱。

瑪莉亞（Maria）原本是慈濟的照顧戶，後來成為翻譯西語的志工，她也到學校協助發放，同時為孩子們現身說法：「當我們在接受愛心的同時，也能付出愛心。」

一位四年級的老師，特意來向志工道謝，並送了一張感謝卡。副校長黛安娜（Diana Torres）說：「慈濟來到這裏，真的是我們的福氣。我們的孩子很幸運，能列入慈濟的食物背包發放計畫中。」

幸福過站，冬令送暖

位於羅梅羅．克魯斯小學對街的喀威爾小學（Carver Elementary）同屬一個校長管理，該校學生從幼稚園到三年級，約有六百多位，但不在幸福校園名單內。

橙縣志工多年來主動關懷聖塔安那學區的弱勢學生，除了協助個案，自二〇〇五年起，也為低收入家庭學童進行冬令發放。在推動幸福校園計畫後，慈恆將這些未列入「幸福校園」發放名單的學校，加入「返校日愛心背包」活動的名單，共有六所小學受惠，每校約二十位學生獲得愛心背包。

當十五位志工前往喀威爾小學進行第一場返校日愛心背包發放時，繼任校長金百利（Kimberly Ahvari）帶著二十位小學生進入禮堂，家長們也受邀觀禮。害羞的學生低著頭，乖乖地坐在地上，慈恆為全校師生及家長介紹「竹筒歲月」，她告訴孩子們：「愛心背包中的所有禮物，都是來自善心大德和他們在竹筒裏存的錢。」

「感恩」是慈恆教導孩子們的第一課。接著，孩子們開心地領取新書包，裏面有筆記本、鉛筆盒、鉛筆、鋼筆、小袋、文具、髮夾和牙刷，還有一張十五美元的優惠卡（不能換現金，必須在指定商店使用），可以到鞋店選購自己喜歡的鞋子。

此外，慈濟醫發室的王惠平送給慈恆許多「優惠十美元」的折價券，可以讓貧困學童到運動器材店買東西。為了愛心背包返校日活動，慈恆四處為貧困學童募集物資，壯大背包的內容。

慈恆又請小朋友圍成一個大圓圈，教他們比〈普天三無〉手語歌。有一位學生的爸爸跟著大家比手語，而且很快就學會了，原來家裏有聾啞長輩，他為照顧家人而學會手語。他說：「真是不可思議，沒想到這世上竟有如此充滿愛心，願意幫助我們的人和團體。」

喀威爾小學老師布雷克（Ms. Blake），因為認同慈濟理念，所以放了一個竹筒在教室裏，教導學生如何由「手心向上變成手心向下」，幫助比自己更窮苦、更不幸的人。一年下來，同學們的愛心將竹筒餵得飽飽，一分一角加起來竟有二十四點五美元，全班同學都對這個成績感到滿意，這是幸福校園的第一次「竹筒回娘家」。

皮歐皮蔻小學（Pio Pico）及洛威爾小學（Lowell）也不在幸福校園名單之列，但慈濟人每週固定時間去幫學生補習功課，年底也會準備禮物去做冬令發放。因為兩所學校有許多貧困學生，所以慈恆將他們列入返校日愛心背包的發放名單中。

由於橙縣志工曾在皮歐皮蔻小學協助過一個個案，留給橙縣教育局特教科專員珍妮佛（Jennifer Vasquez）良好印象。她對慈濟感到好奇，上網查詢許多資料，真心讚歎慈濟為社區的付出。由於珍妮佛的信任，促成慈濟在這兩所小學發放，一起為弱勢的學童提供服務。

慈濟在皮歐皮蔻小學及洛威爾小學這兩所學校共發放了四十二個愛心背包，珍妮佛非常熱心地協助發放，也對參與發放的學生及家長詳細介紹慈濟，非常喜歡〈普天三無〉手語歌的表演。

皮歐皮蔻小學安吉阿諾（Robert Anguiano）校長向慈恆感謝慈濟對學生的關懷，也藉機教育學生要心存感恩心。在洛威爾小學發放時，志工又接受麗莎校長（Ms. Lisa Gonzales-Solomon）的熱烈歡迎，她和志工逐一握手致意，學校還製作了歡迎海報，校長希望學生在歡喜接受返校禮物的同時，也要學習慈濟無私付出的愛心。

大開眼界，號召付出

林肯小學是「返校日愛心背包」的第五所學校，該校是全聖塔安那市學生最多的小學，一共有一千一百多位學生，總共發放了二十四位學生，其中有一些是需要老師特別照顧的特教生。

一位老師站在大禮堂門口，正半哄半推一位六歲的小孩進入禮堂，她對慈恆說：「這位學生沒有辦法讓他安靜坐下來。」慈恆聞言拿起「返校日愛心背包」禮物給他看、逗他開心，問他喜不喜歡？他卻完全沒有反應，令慈恆看在眼裏、痛在心裏。

二〇一三年一月開始，橙縣團隊又去林肯小學為六十位窮苦低收入的學生發放食物背包。

慈恆在林肯小學創立愛心打包團隊，主要成員是學校的學生，他們的導師是中墨混血的依蓮（Elaine Villaverd），依蓮老師的母親是中國第三代移民，父親是墨西哥裔美國人，所以她完全不會說中文，但在她的成長過程中與母親感情深厚，雖然母親已過世，但她一直在追尋中華文化的根。

依蓮老師說：「在新學期、新校長就任後的某一天，我在辦公室看到一位華人，她就是慈濟基金會的慈恆師姊。」有一個週五，依蓮抽空陪伴班上有智能障礙的學生，無意中觀察到志工發放食物背包的畫面，她說：「我真是大開眼界，穿著『藍天白雲』的東方人在美國回饋社會，黃皮膚的華人幫助陌生的墨裔小孩，這真是愛的循環啊！」

志工拿出環保毛毯，請依蓮老師摸摸看，當她聽說這些毛毯是在災難發生時，第一時間送去溫暖災民身體的毛毯，還是以回收的寶特瓶製成的，不禁露出了驚訝的表情，從此發願加入打包團隊行列，每週四都帶領二十位五年級學生，協助打包六十份食物背包。

慈恆教導學生如何布施自己的時間和精力，發揮愛心去幫助需要幫助的人，將愛傳至學區和社區，營造愛的循環。同時推動環保理念，落實環保、保護地球，給下一代一個清淨的生活環境。

依蓮老師的班上雖然僅有三個學生領取食物背包，卻有二十四位學生自願在每週四利用午餐時間及下課時間，幫助慈濟人打包，又於每週五趕到大禮堂當小隊輔，幫忙發放給需要食物的學弟、學妹們。

慈恆接引依蓮老師參加並完成慈濟的「見習」及「培訓」課程，她已受證成為慈濟委員。依蓮老師則教導學生們「見苦知福」，「雖然有些人沒有被選中領取食物背包，但不要感覺失望沮喪，反而應該感恩自己有福報，可以為更需要幫助的同學服務，表現出你對別人的關懷和大愛。」

依蓮老師把慈濟團隊介紹給其他老師及員工，鼓勵大家在學校做善事，她把每人可以服務的時間一一記錄下來，在五個月內召集了兩百多位會員，累積了三千五百小時的服務時數。

依蓮老師說：「慈濟的品格教育讓美國的學生受用無窮！」短短四個月中，她看見班上孩子們的改變，這一班是依蓮老師十三年教學生涯中，最令她感動的一班。全班學生親手寫感恩信，甚至在畢業前夕寫下「我將回來協助食物背包發放，請不要忘記我！」的約定，果然九月開學後，有三位升上六年級的學生仍然在每週四回來協助打包。

為了感恩依蓮老師班上二十四位學生「付出無所求」的善舉，慈濟人於二〇一三年五月三十日在林肯小學舉辦了一場「圓緣」，人文真善美志工王純瑾及楊鐘和將拍了五個月的相片集中在影片中，當學生們看見自己的付出身影，都開心地笑了。

慈恆又為這一群有愛心、樂意付出的孩子們準備了驚喜禮物，包括證嚴上人的「福慧紅包」、四國語言的《靜思語》、竹筒、背包、學校文具及靜思書籤等，並詳細解說「福慧紅包」的意義，祝福孩子們智慧增長、幸福美滿！收到禮物的孩子都快樂得不得了，彼此擁抱，高興得跳躍起來，當慈濟人唱歌、比手語時，臺下的學生卻突然感動得抱頭痛哭！

志工用行動鼓勵窮困學童努力向上，收到了良好的回響與感激。慈恆感性地說：「希望有一天，我能在每所學校都找到一個像依蓮這樣的人，慈濟的幸福校園計畫就能夠在聖塔安那三十六所小學一起推動。」

學期末，林肯小學統計出全校有兩百七十多位學生從未遲到或缺課，維雷多校長請求慈恆給這些學生一些實質的鼓勵，橙縣志工知道之後贊助五百元，又向慈發室申請了五百元，特別訂做每人一件「全勤」紅襯衫。

得獎的學生及老師們拿著學生親手書寫製作的「感恩慈濟」牌子，在林肯小學校園到處留影，感謝慈濟人的慷慨與慈悲。

校園義診，益師親生

慈恆知道幸福校園計畫要成功，學區的支持很重要，與各校校長的溝通也非常要緊。有一次，維雷多校長邀慈恆去參加「一日校長」活動，活動後一起吃午餐。校長指引她去向選區服務處處長墨裔的希曼尼斯（Jimenez）先生介紹慈濟，並邀請他出面支持志工做「幸福校園」。

慈恆出門總是隨身攜帶慈濟文宣，吃過飯便帶著文宣去見希曼尼斯先生，邀請他去林肯小學參觀慈濟的發放。

經由觀察，希曼尼斯先生認同慈濟在聖塔安那學區每週不間斷的糧食發放、每三個月一次的蔬果發放，幫助了窮苦急難的學生家庭。他特別請聖塔安那學區的影視團隊到林肯小學錄影，並在召開學區會議時與大家分享，爭取學區大力支持慈濟的發放行動。

發放食物背包幾個月後，慈恆覺得如果只是為發放而發放，卻不認識學校的老師和校長，是無法深入學區的，因此，她特別舉辦了感恩餐會，感恩學校老師的陪伴，並在餐會中播放影片介紹慈濟。

每一次的例行發放，她都請求團隊志工務必介紹慈濟，取得校長的認同後，進而與學生分享「靜思語」、推廣「竹筒歲月」、介紹環保，以及定期到學校幫學生補習功課。

藉著幸福校園的食物背包發放，慈濟人又深入社區，把義診定期帶進聖塔安那市的男孩及女孩俱樂部（Boys and Girls Club），提供免費門診、牙醫、針灸及血壓、膽固醇檢測。

從二〇一三年起，慈濟每四個月定期在俱樂部舉辦義診，社區內的墨裔同胞已經學會定期回診，照顧自己及家人的健康。洛威爾小學的麗莎校長還幫忙慈濟寫大字報宣傳，親自把大字報張貼在街頭巷尾，讓更多需要醫療服務的人來就診。

為了籌備義診長期計畫，慈恆及朱益中幾個月前就開始與各組織密切聯繫，主動參與各項義診汲取經驗，經由團隊的配合和努力，以及社區各組織湧入的愛心，溫暖了每一顆待關懷的心。

第一次校園義診，雷斯妥內義診中心、洛威爾小學及男孩女孩俱樂部共號召了五十一位西語、英語雙語志工，擔任醫師與病患的橋梁；在橙縣執業的四十八位醫護、藥師及牙醫助理前去義務服務病患，另有一百一十五位慈濟志工，共同服務一百三十五位病患，兩百三十四人次，為日後的校園義診奠定了良好的基礎。

因幸福校園背包計畫與慈濟熟識的麗莎校長，透過校內電話語音留言系統，親自致電給九百位家長告知義診訊息，許多家長和學生接到訊息趕來看病，並向麗莎校長致意，感恩有此良好的機緣。

麗莎也帶著家人到會場支援，她的膝蓋疼痛已久，在志工鼓勵下，首度嘗試針灸治療，治療後竟然完全不痛了，麗莎校長直呼神奇：「開學後我就可以用跑的了！」

有些父母身後跟著好幾個孩子，有的媽媽推著娃娃車，推車旁還有幾個看似手足的小學生；也有幾位單獨前來的民眾，緩緩步入草坪上的帳棚，眼神中些許不安與靦腆，直到迎上去的志工與負責翻譯的西語志工親切接待後，才在他們的協助下完成初步醫療病史資料的填寫。

一次又一次被提出的問題是「我沒有保險喔！」「真的不用錢嗎？」「你們下個月會再來嗎？」

寫完病史資料後，進入等候區，有志工以流利的西班牙文介紹慈濟，慈青學長在臺前介紹竹筒，當下就有熱情的孩子拿著一塊錢跑上前來投。另有一位墨裔婦女，聽到一半突然跨向臺前，向鄉親們用西班牙文介紹起慈濟。

有一位身經百戰的牙醫師數不清自己是第幾次參加義診了，但是遇上了讓他感慨萬分的狀況，他幫一位婦人洗牙洗到一半時，婦人突然哽咽地說：「我已經六年沒洗牙了！」雖然知道口腔清潔的重要，但她沒有能力看診。病患追著慈恆問：「你們會再來嗎？」這個由幸福校園發展出的校園義診，再次照顧到橙縣社區裏的弱勢族群，讓慈恆感到十分欣慰。

一個家庭，一曲哀歌

羅梅羅．克魯斯小學只是橙縣幸福校園計畫踏出的第一步，聖塔安那市是墨裔居民聚集的小城，人口密度是全加州之冠，每一英哩就有兩家小學，每一個家庭都有一曲哀歌。

慈恆記得有一個哀傷的星期五，讓羅梅羅．克魯斯小學的可憐孩子哭得肝腸寸斷，因為一大清早康州發生校園槍殺事件，二十位學生罹難，新聞報導怵目驚心，對每個孩子造成莫大的打擊。

發放食物背包時，慈恆把慈濟與學生互動的十五分鐘分給六個小組的孩子，把志工的肩膀與懷抱作為哭泣孩子的安全港灣，給受驚的學生更貼近的關懷和愛護；每一組都有兩、三位志工安慰六位學生。

當時，有一個名叫馬瑞蒂亞（Marintia Tinoco）的小女孩忽然痛哭失聲，慈恆和另外兩位師姊馬上抱著她安撫她，細問之下才知道當天學校的槍殺和死亡案件，使她聯想起自己不在人世的父親，隱藏在她小腦袋裏的慘痛往事又浮上眼前，在她的淚水中，慈恆感受到父親早逝對小女孩造成的後遺症，淚水哭溼了慈恆及志工吳安妮的衣襟。

慈恆可以想像馬瑞蒂亞有多盼望愛，多想要一個完整幸福的家，多需要朋友！慈恆輕聲告訴她：「活著要勇敢，對自己要有信心，更要過得開心。」等志工發放完畢走到校門口時，馬瑞蒂亞在那裏等著，她又過來抱著慈恆不放，對慈恆說：「我要寫信給您，應該寄去哪裏？」慈恆請她送去給校長、副校長或是辦公室的老師們，在那當下，慈恆有股衝動，好想把馬瑞蒂亞帶回家照顧，好好保護這個脆弱的小女孩！

悲劇不僅發生在羅梅羅．克魯斯小學的孩子身上，林肯小學也讓慈恆流下了眼淚。每週四的愛心打包團隊中，有一位臉上長了兩個小酒窩，永遠笑容滿面的小女孩，名叫普里西拉（Priscilla），有一天，她放學走路回家，過馬路時不幸被貨車輾壓死亡，那時還差四天就是她的十四歲生日了。

當慈恆再也看不見普里西拉的笑容，這才知道她出生於貧寒之家，母親染上吸毒惡習，父親不知下落，姊弟倆的生活都是靠外婆照顧。不久以前，普里西拉突然對外婆說：「我不可能度過十四歲生日，我感覺自己就要到另外一個世界去了，我離開時仍然是純潔的處子，等我死後，希望我的身體能夠乘坐純白的馬車，帶領我走向安息之地。」

在普里西拉的告別式，大家幫她「圓夢」，她靜靜地躺在白色馬車中，慈濟幸福校園團隊動員許多志工參加喪禮，志工們開車跟隨隊伍，陪伴她在聖塔安那街道做最後的巡禮。慈恆在淚眼中虔心祈禱，但願普里西拉在天之靈能看見身著藍天白雲的志工為她送行。

開車前往墓地的路段，志工們為她吹肥皂泡泡，這是慈恆參加過的最隆重、最美麗動人的告別式。普里西拉短短十三年的生命在人間留下了淒美的片段，小天使就此和大家告別，慈濟人雙手合十，祝福普里西拉：「乘願再來！」

在告別式中，慈恆把握因緣，向約翰神父介紹慈濟和志工為社區提供的服務，約翰神父對慈恆說：「我早就聽說慈濟國際賑災的貢獻，更久仰證嚴法師的大名。」

自普里西拉於二〇一五年往生之後，慈恆牢牢記住她的外公、外婆，每年冬令發放時，都特別留一份禮物給這兩位可憐的老人家。

悲傷的故事無獨有偶，與富人區一街之遙的皮歐皮蔻小學及洛威爾小學，各有一百三十至一百五十名學生的家沒有固定地址，有的全家十二人窩居在一個小房間或車庫裏，也有些暫時住在廉價旅館內，過著有一餐沒一餐的流浪生活。

這些孩子不但缺少食物，有的還因為沒有鞋和衣服穿，學校不允許他們來上課。皮歐皮蔻小學有些學生留級又留級，勉強升到五年級畢業，卻連自己的名字都不會寫！因此，安吉阿諾校長懇求慈濟人協助課室輔導，希望能提高該校學生的課業水準。

志工為擴大幸福校園計畫的關懷面，九月開學時，發給衣服、鞋及文具等給無家的學童，也安排志工課輔、陪伴幼稚園學生，為灰暗的校園帶來希望和光明。

新鮮直送，蔬果到家

二〇一五年底某一天，慈濟志工照例在聖伯納汀諾的高梅茲小學（Gomez Elementary School）舉辦義診，志工帶著波特（Potter）校長了解義診活動，校長不經意提及：「上週我們學校餐廳失竊！」志工關心地問：「有沒有遺失貴重物品？」校長失笑回應：「只是學生闖進來偷食物。」一句話讓在場志工感到一陣心酸。

原來，學生在家中食物不夠的情況下，只好回到熟悉的學校拿食物，從此志工開始研究聖伯納汀諾高梅茲小學附近的貧窮家庭數據。

根據調查，聖伯納汀諾學區裏的中、小學，有百分之九十以上的學生來自低收入家庭，大約五萬多位學生裏，有四萬多名不知下一餐從哪裏來。校長告訴志工：「我們小學有六百名多學生，其中五百多人需要食物的幫助。」志工明白這不是個案，而是常態性、普遍化的問題。

志工原本計畫在橙縣聯絡處開設食物銀行，每週兩、三天讓他們來領取食物，許多教堂亦提供此類服務。但深入了解後發現，這些家庭的父母為了維持生計，常必須兼職兩、三份最基本工資的工作，疲於奔波工作之餘，根本沒有交通工具可以到定點領取食物。

雖然美國有食物銀行，慈善機構可以低價取得食物再轉送貧民，但一來物資較難送達離定點機構較遠的家庭；二來，拿到的食物多數是能長久保存的罐頭食品。

志工團隊以深耕社區義診二十三年的經驗，發現不健康的飲食習慣導致許多慢性疾病發生，於是有了「大愛蔬果車」的想法，凝聚附近善心人士的物資，希望用有冷藏設備的卡車，將食物送到貧窮居民手中，此即「幸福家園」計畫。

二〇一六年底，史博群中學（Spurgeon Intermediate School）的校長史都華．考威爾（Stuart Caldwell）因學生窮困而向學區求助，祕書建議他與慈濟聯繫，趕上了「幸福家園」的班車。

慈恆前往史博群中學開會及活動過程中，就有四位曾經在林肯小學發放名單內的學生參加史博群中學的「小志工團隊」，主動請纓協助慈濟人做蔬果食物發放。

小露姿（Luz）和狄莎兒（Disarie）是過去打包團隊的小可愛，她們一見到慈恆就撲了上來，給她一個熱情的擁抱，然後不停喊著慈恆的英文名字，問她：「你還記得我嗎？」當大愛記者採訪她：「你為什麼在這裏幫忙？」小露姿回答：「當我在幫助別人時，我感覺非常快樂。」一句天真無邪的話語讓慈恆大感欣慰。

許多林肯小學及羅梅羅．克魯斯小學的孩子升學到史博群中學，他們過去曾經是「幸福校園」食物背包受益者，當他們在新學校看見慈恆，就好像見到親人般地親熱。

史博群中學有六到八年級的學生，其中許多學生家裏沒有食物吃，餓到失去理智的時候就會到學校偷食物充飢，校長只好自己去食物銀行找食物，讓這些窮苦學生到學校拿。

當時美西地區剛啟動「大愛蔬果車」計畫，經過慈恆及朱益中與校方多次互動，商議訓練學生做志工，人數從兩、三位成長到近三十位；取得共識之後，在史博群中學啟動蔬果發放，從此「幸福校園」又延伸到「幸福家園」，讓更多學生及家人更幸福！

史博群中學有一千五百名學生，大多來自墨裔窮苦家庭，慈濟與史都華校長商討後，決定每三個月做一次蔬果食物發放，由慈恆承擔了「幸福家園」發放蔬果食物的各項事宜。因為她和聖塔安那學區的校長們、食物銀行的總裁、職工們都有很深的交情，所以是最佳人選。

慈恆負責聯繫學校收集資料，發放兩週前到食物銀行把所需食物「定」下來，安排學區司機及貨車直接到食物銀行提貨兩次，發放前一天，司機必須把食物直接送到史博群中學存放。

發放當天，慈濟志工早上六點半就到史博群中學布置場地，依序把蔬菜、水果、米、豆及麵條分類放在桌上，等候發放的家庭在六點鐘就開始大排長龍，發放時間從八點至十一點領取食物。慈恆非常感謝志工林濟恒的陪伴和支援，每次都是六點半準時送來總會提供的食物，並全程參與發放。

截至目前為止，橙縣團隊在史博群中學發放了三次，第一次發放給兩百一十五個家庭，超過一千人受益於食物的分配，當日送出十個木頭托盤的食物，總共有八千六百磅重；第二次發放兩百三十三個家庭，第三次發放給八百五十一個家庭。慈恆感恩總會蔡濟晉及林濟恒帶動「幸福家庭」計畫，更感恩朱益中、理查・漢密爾頓（Richard Hamilton）、張國龍、黃友彬、呂慈妙、王瓊珠及陳慈江等志工大力支持這個活動，讓貧窮的學生及家人都因此而幸福起來。

經過這幾年的每週互動，孩子們知道自己能夠穿上慈濟志工背心幫助發放是一種驕傲，立志長大後要去幫助更多苦難的人。聖塔安那學區的校長、學生及家人都非常感激慈濟的布施。

◆◇◆

身兼羅梅羅・克魯斯小學和喀威爾小學兩所學校校長的愛德娜・維雷多分享這十年來，慈濟因捐書、實行冬令發放、幸福校園食物背包計畫、慈青課輔計畫及提供營養點心等，無形中已對孩子們產生潛移默化的功效。

「慈濟帶給校園的是豐富的希望！」維雷多女士說：「沒有希望，家庭會灰心，夢想會乾枯；甚至，孩子們會放棄尋找光明未來的動機。慈濟的多項捐助，使得兩個學校的許多夢想活了起來。」

多年前，這兩所學校曾被聯邦教育局指為「失敗學校（failing school）」，到二〇一一年卻獲頒最佳進步獎。維雷多校長感性地說：「教育上有一句諺語：『撫育一個孩子需要整個村落的協助。（It takes a village to raise a child.）』對我們來說，慈濟就是這個村落（village）。」

慈恆承擔橙縣慈善幹事期間，總是以幫助苦難眾生為己任，不斷進出學校、醫院、個案家庭、養老院做發放和訪視，和社區團體保持良性的互動關係。她還參加急難救助會議，在聖塔安那學區推動獎學金計畫，鼓勵貧窮學子們完成大學教育，學成後回饋社區，守護社區的健康及幸福。

「幸福校園」是個大計畫，慈恆做這件「大事」必須面對許許多多的困難挑戰，如人力資源、經費限制、物資搬運、採買和庫存管理等，她以堅毅的信心和智慧、負責任的態度，化解和克服種種挑戰，不僅圓滿完成活動目標，並帶動橙縣慈善團隊成長，奠定了橙縣慈善志業社區耕耘的新里程。

金百利校長也曾代表全校受助學童及家長感謝慈濟的善舉，讚揚慈濟志工們的奉獻與鼓勵，不僅避免學童因挨餓而流落街頭，更提升學童的學習意志與生存勇氣。

金百利校長表示，參與該校幸福校園計畫的志工大約有五百多人次，無論寒天酷暑、路程遠近，都風雨無阻為貧困學童送去食物背包，並且還帶動全校有愛心的人一起行善，讓新參與的志工都覺得幸福美滿，進而期待每一個「星期五」的約會，每一個人都感到很幸福！

至今，慈恆已在聖塔安那學區耕耘了七年，在學生們的小腦袋裏種下善的種子，相信在他們成長過程中受到愛的感染，來日必定會用「愛」走入人群，去幫助更窮苦的人。

【後記】

傳承無盡路無盡

婉平，人如其名——溫婉平順，雖出生在繁華的東方之珠，卻在日本侵華的陰霾中輾轉逃難，跟著母親東躲西藏遠離戰亂，跑遍半個中國，過著居無定所的童年，直到十二歲才重返香港，等候簽證前往美國投奔父親。沒想到事與願違，美國移民局只批准了母親的簽證，婉平只能含著眼淚看著輪船載走母親，認命地接受了生命中的第一個「生離」。

滯留香港期間，婉平與初戀鄧南圖海誓山盟，兩小無猜地談了四個月戀愛，約定雙雙赴美共創人生，誰知道移民官再度作梗，駁回鄧南圖的留學申請，婉平只能獨自黯然離去，那是她生命中的第二個「生離」。

可是，當鄧南圖以半百之齡撒手西歸，婉平傻住了，老天爺怎能一而再、再而三地虧待她？她幾乎崩潰了，拒絕接受今生的第一個「死別」。婚後一直以夫為天的婉平頓失所依，只能埋怨自己為什麼不能活得堅強一點？

走入社會行善讓婉平重新振作起來，拾起畫筆讓她揮灑出自己的天空，然後，第二任丈夫祝咸仁闖進她的心房，女子發昏又「婚」了，再次以夫為天，奉夫之命當全職主婦，只能將慈濟制服藏在後車廂，偷偷做慈濟。

二〇〇五年一場颶風顛覆了她的生命，吹醒了內心深處的渴望，婉平終於放下怯懦，奔向自己的最愛；祝咸仁對妻子的離開，從不捨到祝福。不久後，他罹患血癌，婉平送走了第二任丈夫，經歷第二次「死別」，所幸修習佛法多年，已學會釋然。

慈濟是婉平的華麗轉身，她在這裏找到了心靈的家，有了證嚴上人賜與的法號——慈恆，從橙縣聯絡處、總會義診中心、拉斯維加斯聯絡處，又回到橙縣聯絡處，慈恆做得法喜充滿！

在慈濟同行二十年的奚思道，是慈恆最敬重的志工之一，他的修行及為人處事都是慈恆學習的榜樣。奚思道看重慈恆在慈善及社區服務方面的能力，當慈恆於二〇〇七年在南加州購屋，志工朱月鳳告訴奚思道這個消息，他立刻打電話邀約慈恆到慈發室協助社區個案，沒想到慈恆等了三年才搬到加州定居。

當奚思道因肝癌往生，慈恆去他家助念，流著眼淚看奚思道安詳躺在床上，左耳彷彿聽到奚思道對她說：「我們要原諒身邊的每一個人！」慈恆驚訝地注意到奚思道的頭就在自己的左邊，立刻從心裏向奚思道回答說：「我會的。」

若不是當晚親歷其境，她怎麼也不相信和藹可親的大好人「奚師兄」真的已離慈濟遠去了；她寧可相信，奚思道往生五小時後仍能對她說法，臨走前仍然傳法給她到最後一口氣。

慈恆與林碧桃、黃寶珍及趙無越，被鄭榕娟稱為拉斯維加斯的「四人幫」，因為她們四個人風雨無阻在會所辦公；陳振和則讚歎她們是做事的人，所以應該改成「事人幫」更為貼切！

每天清晨早起薰法香，如今已是慈恆的精神食糧，有時因病沒能早起聽上人說法，整個人如同跌落黑洞，心情跌入谷底，後來發現那是心有罣礙、自尋煩惱之故！當時法沒有入心，慈恆總有無明煩惱、心有千千結，幸好每天薰法香汲取上人的法糧，屢能打開她的心結。

自二〇一二年起，慈恆在橙縣繼續經營「幸福校園」及「幸福家園」，希望為灰暗的校園注入清流，讓慈濟人帶給貧困學童希望和前途，把愛傳出去。「幸福校園」計畫就是將慈濟的慈善、教育、人文理念深入美國社會的公立小學、中學，關懷低收入家庭的學生及家人，將學校打造成幸福快樂的園地，讓學生安心求學、快樂成長！

慈恆生性不戀棧，等到「幸福校園」站穩腳步，她便卸下組長一職，從此退而不休地配合社區各項活動，自動補位幫助志業的運行，另方面用心陪伴新發意菩薩，讓新志工道心堅固、步履堅定地走上菩薩道。

慈恆說：「我們頭頂美國的天，腳踏美國的地，華人是少數民族，我們應該向外發展，把慈濟的四大志業、八大法印以及上人的法散播給其他種族的人，接引他們長期做慈濟事。而邁向新時代的同時，更要培養年輕、新思維的人接捧！」她所承擔的每一項計畫，都是馬上培養兩位可以接手的志工一起合作，組織成為一個堅強的團隊。

四十六歲至七十二歲的慈恆，忙忙碌碌做慈濟事，精神有寄託，做得很歡喜；七十二歲至八十歲的慈恆，每天薰法香，尋找真如本性和智慧，心情加倍自在歡喜。

慈恆的乾女兒鄭茹菁曾經打趣說：「年屆八十的老太太涉世未深，至今仍純潔如一張白紙。」慈恆不懂得「計較」，只知道埋頭做事，事必躬親，絕不會事後爭功或要求任何回報。

她在橙縣擔任慈濟負責人是如此，協助籌設慈濟義診中心也是如此，接任拉斯維加斯負責人又是如此，「幸福校園」仍然是如此，總是安於「功成身退」的角色，因此贏得大家的尊重與讚歎！

過盡千帆之後，慈恆再次問自己：「人生的意義是什麼？」她終於知道答案就是證嚴上人教弟子的「付出無所求」。慈濟在她人生的最低潮飄然而至，上人的法引導她走出哀傷，擦乾眼淚去幫助更痛苦、更需要愛的人；慈恆幫助他們的同時，也醫治了自己內心刻骨銘心的傷痛。

因為學會「付出無所求」，慈恆在慈濟結了許多好緣，無論是總會、橙縣或拉斯維加斯，都有很多知心的法親。因為她待人真心誠意，在慈濟路上沿途「收穫」了義診中心的「七姊妹」、颶風吹來的乾女兒、賭城的「事人幫」，還有大峽谷巴士車禍案主哭著喊「媽」，這些慈濟好朋友組織成一個大家庭，寫下了許多愛的故事。

搬家回橙縣之後接掌慈善幹事，又為「幸福校園」食物背包計畫建立了一個「七老八十」的大家庭，包括楊鐘和夫婦、林德明夫婦、陳脩國夫婦、簡毓真夫婦及王嘉寅夫婦，另有五、六位單身貴族，都是七、八十歲的退休人士，接引愛心耆老貢獻愛心給貧困學童，慈恆帶著這支「七老八十」的隊伍走入人群，菩薩所緣，緣苦眾生。

超過三十年的慈濟路，上人的法已常駐慈恆心中，當她面對障礙受委屈時，上人的聲音就出現耳邊：「修無生法忍，解脫一切人事物的煩惱」，教導她把堪忍的功夫用在人群中，運用「普天三無」的智慧，令一切無明轉識為智；三輪體空，忍而無忍，菩薩於無生法，付出無所求。

慈恆有幸能聞佛法，又尋得良師，今生再無他求。「是日已過，命亦隨減」、「此身不向今生度，更向何生度此身」，雖然歲月無情流過，紅顏早已老去，但是慈恆慶幸自己身在慈濟、心存大愛，此生足矣，總算沒有虛度這一生！

親屬篇

細說母親的愛

◎鄧陽光

在母親八十大壽這個特殊的日子，我想與大家分享我對母親的敬愛，以及過去五十八年的記憶。

我的母親很偉大，對我來說，她是模範妻子、母親、祖母、姊姊，更是朋友；在她的一生中，總是把別人的事放在自己的前面，終身奉獻並照顧她周圍需要幫助的人。

母親是一個體貼的妻子。當她的兩個丈夫先後過世，她一直奉行佛法，成為大家尊敬的大愛典範。

我的父親名叫鄧南圖，父母深愛著對方，相親相愛地度過二十八年的婚姻生活。他們在香港相遇，墜入愛河，在美國結婚，然後在麻州波士頓開始他們共有的新人生。父親從麻省理工學院畢業後，他們帶著三歲的我搬到洛杉磯，追求年輕時代的夢想，將自己奉獻給對方，攜手建立一個逐漸茁壯的家庭。

他們在建立家庭的時候，遭遇了許多困難和掙扎，但是他們一起克服難關，像隊友一樣相互扶持。當父親五十歲英年早逝時，母親繼續勇敢面對人生的挑戰。她撐起了這個家，直到今天，她仍然是這個家的支柱。

父親過世十二年之後，母親再嫁給祝咸仁，成為祝咸仁的妻子。雖然他們的婚姻有些短暫，但她卻對他百依百順，在生活中實踐了愛與承諾，他們既是同伴，也是朋友。直到最後，祝咸仁病了，她仍然守在他身邊，無微不至地安慰他和照顧他。

▲ 1990 年，兒子鄧陽光出席畫展為媽媽打氣。

為了祝咸仁要在加大洛杉磯醫院做治療，母親常常在十五號公路來回奔馳，從拉斯維加斯飛車到聖塔．莫妮卡，履行她作為妻子的諾言。她在病房陪伴著他，直到死神奪走他的生命才放手。

母親用愛撫養我及妹妹茱蒂（美貞），我的父母親孜孜不倦地工作，努力為我們兄妹倆提供了一個安全和充滿愛心的家。

母親與父親通力合作的態度，成為我們的榜樣，讓我們相信經營家庭和獻身奉獻的重要性；父母親不分晝夜經營房地產買賣及租賃管理賺錢養家，他們為家人不辭辛勞的偉大，教會我們長大以後努力工作，並理解別人想要的是什麼。

如今，母親仍然是我們生活中的一部分；當我們需要她的時候，她就在那裏。雖然我們已成年有自己的家庭，但是母親仍在那裏提供不時之需。

她永遠有傾聽的耳朵，當我們需要建言時，她是個無所不知的聖人；當我們需要幫助時，她又成了我們的朋友。我們從母親身上所學到的恆久教訓是，為人父母者都需要獻身給孩子，但父母也需要給孩子足夠的成長空間來成就自己。我們應該隨時提供孩子協助，但絕不會變成主導或壓力。我們樂見孩子能獨當一面，但是如果孩子需要幫助的話，就會隨傳隨到……非常慶幸，我有這樣的母親。

母親也是一個非常熱心、有愛心的祖母。她是孫子輩生活的一部分，在孫子們的成長及學習過程中，慷慨地在金錢方面支持他們圓滿各自的夢想；母親是我們全家的榜樣，以身作則告訴我們「祖父母」的角色應該如何扮演，教我們做一個充滿愛的人。

母親還是她孫子玩遊戲的競爭對手，她常常和九歲的外孫比賽打遊戲Highway Hazare，祖孫一決高下，她的童心未泯爭取到孫子輩的認同，因此更愛、更尊敬祖母，她的孫女瑪莉莎、艾米、外孫伊恩和喬恩都對她超級擁護愛戴！

母親是個熱心體貼的姊姊，我感覺大家都可以稱呼她為「姊妹」，但是她有一個親妹妹黛安娜。母親與黛安娜來自同一個家庭，兩姊妹彼此相愛、保持來往，即使分隔兩地，她們也存在彼此心中，母親常常對我說：「血濃於水。」

母親是大家庭的一分子，雖然她沒有機會隨時接觸到每一個人，但也沒有遺忘任何一個。他們在她心中都很重要，只要有機會就會聯繫。對母親而言，有時很難在家人和朋友之間劃出界線，因為每個人對她都很重要。

母親奉獻她的愛和尊重給周遭的每一個人，她對一切眾生的愛無窮無盡，無論年齡、國界或背景，她總是充滿了愛的能量，準備隨時付出。

母親與我們分享她對生活的熱愛，不管是在食物銀行做志工，或是在沃爾瑪商場內賑災，或只是在聚會上與你相聚，她以真心待人、和你做真正的朋友，從不求回報，只是單純地想和我們一起分享她的生活，她是大家都應該仿效的榜樣！

當我們慶祝母親的生日時，我們回顧她的待人接物和付出無所求的愛心，與我們身邊的人分享並且「把愛傳出去」。最棒的慶祝就是大家齊聚一堂，一起慶祝她的生日及一起度過的美好時光，恭祝母親大人「生日快樂」，祝福她歲歲年年「悲智雙運、福慧雙修」！

▲孫女 Amy 和 Marisa。▼

Thoughts About My Mom

By Tony Teng

As we celebrate this special moment in the life of my mom, Emily Chu, I wanted to share with all of you my thoughts and memories of a wonderful person who is devoted to and caring for the world around her. To me, she is a model wife, mother, grandmother, sister, and friend. She thinks of others first and works for the betterment of those around her.

Devoted and caring wife

Emily is a devoted and caring wife. While both of her husbands have since passed, she has been an example of devotion and love. My father, Robert, and my mom loved each other and will forever be joined. They met in China and fell in love. They married in the United States, and they started their lives together in Massachusetts. They followed their dreams as they relocated to Los Angeles. Their lives were devoted to each other and the family they grew. They were a wonderful example of a couple in love. Yes, there were struggles as they progressed in building their family, but they did it together. They were a team. When Dad passed, she continued the dream. She supported and continued to hold the family together. To this day, she is still the support that builds our family.

Emily was also the wife of James Chu. While their marriage was somewhat short, she devoted her love and commitment to him. They were friends and companions. Until the end, she was there for James. When he became ill, she was still there to comfort and care for him. She fulfilled her promise to him as his wife. She was there for him until they parted in death.

Devoted and caring mother

Emily is a devoted and caring mother. Yes, she raised Judy and me. She worked tirelessly to provide a safe and loving home in which we could grow and mature. She partnered with our dad, Robert, to be role models for us on the importance of family and the dedication to what we believe. She worked endless hours as an agent of real estate and property management to provide for our loving family. This amazing work ethic taught us how to work hard and understand the needs of others.

Today, Mom is still part of our lives. She is there when we need her. While we are adults with our own families, Mom is still there for us. She is a listening ear. She is a sage when we need advice. She is a friend when we need a helping hand. The lasting lesson that we learn is that we all need to be devoted to our children, but we also need to give them room to be themselves. We need to be available to help, but we do not become intrusive or burdensome. We need to allow our children independence but be there if they need help. For that, Mom, THANK YOU!

Devoted and caring grandmother

Emily is a wonderfully devoted and caring grandmother. She is part of her grandkids' lives and supports them as they grow and learn. She is a role model for all of us as to what a grandparent should be...

someone who is filled with love. My mom is available to her grandchildren but allows them to mature to loving and responsible adults. For that, her grandchildren, Amy, Marisa, Ian, and Jon, are so appreciative and love.

Devoted and caring sister and family

Emily is a devoted and caring sister. I feel that all of us can call her sister, but she has one from family. Diana and Mom are together in family love. Both have raised families and have kept the relationships alive and filled with love. While they live apart, they are in each other's hearts. As Mom has always said to me, "blood is thicker than water." They have a unique bond, and they will always share a common bond, a bond of sisterhood.

My mom is part of a larger family, one that reaches across the county and in some cases the world. While she doesn't always get a chance to reach out to all of them, they are not forgotten. They are in her heart, and when there is a chance, she celebrates their connection. Sometimes it is difficult to draw the line between family and friends;

everyone is important to her.

Devoted and caring friend

While many of you who are reading these thoughts may call Emily "sister," you also call her a friend. She cares about and devotes her love and respect to everyone around her. Her love of her fellow person, no matter the age or background, is an example of how all of us should be. She shares her love of life with all of us. Whether she is volunteering at a food bank, helping disaster victims in front of a Walmart, or just socializing with you at a party, she is truly your friend. There are no expectations. She just wants to give and share her life with all of us. She is an example of how we all should be.

As we celebrate Emily's life and appreciate her devotion and love for all of us, let us return the love she has expressed in return and "share if forward" to those around us. The best celebration for this wonderful time is to celebrate together and wish her a HAPPY BIRTHDAY with wishes for many more years to come.

願有其母必有其女

◎鄧美貞

我有幸能夠在母親陪伴身邊的環境中成長。

當我很小的時候，父母在不富裕的家境中努力工作養家，直到我六歲那年，才有經濟能力搬到安全的社區，母親也能夠待在家裏做家庭主婦。她總是在身邊傾聽我的聲音，回答我的問題，開車帶我去上芭蕾舞課、網球課，或者參加網球比賽等活動，教導我寶貴的人生功課，即使我長大成人，兒時的教導仍然對我發生作用。

當我大學畢業，成為必須自給自足的成年人，我開始閱讀《聖經》，並成為一個基督徒。母親不明白為什麼我要讚美上帝創造我、保守我、提供我日常所需，根據她的說法，她才是生我、養我的那個人！雖然思考模式迥異，但我仍然感謝上帝賜與我美好的家庭及慈愛的父母，父母養育我、保護我，並為我提供生活所需。

我感謝上帝賜給我好母親，從小教導我美善課程，讓我能夠接受並信奉《聖經》，努力追隨上帝直到今日。

舉例而言，我的母親鼓勵我保持微笑，對周遭的人有禮貌，並教導我慈悲待人。她教我約會要守時，尊重別人的時間，她總是說：「無論約定時間是幾點，務必提前十分鐘到達，因為我們不想讓別人等。」無論我們是去上學、與朋友共進晚餐，還是預約看醫師，母親總是要求我們準時到達。

我生長在七〇年代，在南加州的杭廷頓海灘成長，同一所小學的許多同學來自穩定的中上階級家庭。在我的同學當中，大多數人效仿他們受過教育、勤勞的父母，學習父母做事的負責態度，但另外有些同學是懶惰，或者正處於惹事生非的叛逆期。

母親鼓勵我用智慧選擇朋友，選擇和那些知道尊敬別人的孩子交朋友，努力學習，不要招惹麻煩，因為母親知道我的同伴會影響我的行為和習慣。再次證明，母親用她的智慧預先鋪路，提早告知真理，讓我能夠運用在日後的生活中。

我希望自己的人生一帆風順，要什麼有什麼，但母親叮嚀我知足常樂，她告誡我：「不要和別人比較，否則你會一直不快樂！」母親說：「每個人或多或少都會遭遇到困難，有時是尷尬的社交事件，有時是工作壓力或不和諧的家庭關係，如果不能調整心緒，就很容易落入消極和悲慘。」

反之，母親教導我看積

▲ 2012 年，與女兒、女婿 Chris、外孫 Ian、Jon 共度聖誕節。

極的一面，並做出最好的判斷。我曾經看到母親在工作時遭逢非常有挑戰性的鬥爭，當別人可能放棄的時候，她堅強面對並度過難關。

兒時記憶中，父親和母親展示了丈夫和妻子「通力合作」的良好典範，他們建立了一個堅定的婚姻關係。父親扮演「領導者」和「供應者」的角色，但在家庭事務中，他們彼此尊重、合作無間；父親在外衝鋒陷陣賺錢養家，母親在家自修新的技能，以便成為父親事業的好夥伴，隨時可以提供協助。在此期間，母親學會如何管理租賃物業和觀測股票市場，後來又在電腦上不斷學習日新月異的科技。

早在孩提時代，母親就開始教我如何做一個好妻子，她要求我：「支持你的丈夫，並在意見分歧時妥協。」她解釋說，丈夫和妻子往往有不同的觀點，妥協是一個成功及和諧婚姻的重要因素。

母親的榜樣和建議奠定了我對婚姻的基礎信念。舉例說，丈夫應該愛他們的妻子，犧牲自己、滿足她們的需要。因為耶穌愛他的教會，並奠定了他的完美生活，使他的教會成員的罪孽被原諒，永遠追隨耶穌。

有篇文章還說，當教會跟隨耶穌時，妻子應該尊重並順服他們的丈夫。也許，現代人可能不贊成，甚至嘲笑如此教義，但我深信妥協絕對是成功婚姻的基礎。

我的母親不僅教我如何做一個好妻子，而且要我做一個堅強、勤奮的女人。當我還是個孩子時，她教我整理床鋪，在離開家之前自己收拾好房間。隨著年齡增長，她教我提前計畫要完成的任務，包括完成學業、舉辦聚會及準備度假。在我學會開車之前，她指導我注意周圍環境，熟悉南加州的主要街道及高速公路，在抵達目的地之前決不會迷路。

她自己也做到了這點，十分關注周圍的環境，因此，她可以輕鬆地穿梭在複雜及繁忙的大都會，有能力快速找出替代路線，避免受困於交通阻塞之間，比任何現代導航設備都管用！

證明母親能力及毅力的最佳案例是「順變」，當父親於五十歲意外去世，

▼鄧美貞感謝母親教會她如何做一個好妻子。

原本對生意一竅不通的母親，毅然挑起了養家的重任。在父親離世之前，他承擔管理我們的房子、汽車及財務的主要責任，一旦撒手西歸，母親幾乎不知道從何接手，但她很快就承擔起這些責任，養活了一家人。

父親往生不久，母親就對我說：「媽媽不可能永遠在你的身邊，照顧你、陪伴你一輩子！你要學會堅強面對你的困境，爭取你的所有權利，無論在任何情況之下，都要讓自己過得快樂。」

母親教會我如何照顧我的家庭，長大以後愈發現，母親的以身作則演繹了〈箴言31〉中所描述的虔敬女人的許多特徵，那是我想成為的那種女人，母親就是我所認識的第一個虔敬的女人。

母親教了我許多實用的課程，雖然我們有不同的精神信仰，我仍然要感謝上帝的安排，母親的智慧為我埋下《聖經》智慧的種子，我現在認識的真理，成為我現在的生活基礎。

我感謝上帝給了我一個偉大的母親，她養育了我，保護了我，更是愛我。母親的努力培養出今天的我，我但願自己令她感到自豪，並圓滿了她最喜歡的一句話：「有其母必有其女（Like mother, like daughter）。」

Like Mother, Like Daughter

By Judy Teng Neynaber

I was fortunate to grow up during a time when my mother could spend a lot of time with me. Because my parents had worked hard and had been disciplined with their finances, we were able to move to a safe neighborhood when I was six years old, and my mother was able to stay home. She was always there to talk with me, drive me around, and teach me valuable lessons, many of which still resonate in my mind today.

When I completed my college degree and transitioned to supporting myself, I began to read the Bible and became a Christian. Mom did not understand why I gave credit to God for creating me, watching over me, and providing for me. She thought she did all those things for me! But I continue to thank God for placing me in a wonderful family with loving parents who were committed to raising me, protecting me, and providing for me. And I am grateful to

God that the practical lessons my mother taught me as a child served to prepare me to be receptive of the biblical teachings that I believe in and strive to follow today.

For example, my mother encouraged me to smile and be polite to everyone I met, and she showed me by example how to treat others with kindness. She taught me to respect other people's time by being punctual. She would say, "Plan to arrive ten minutes early because you don't want to make others wait for you." Whether we were going to school, dinner with friends, or doctor appointments, we always arrived on time. She also taught me to help others whenever possible because someday I might need help. Without realizing it, my mother was teaching me to live according to Jesus' "Golden Rule": to treat others as you would want them to treat you (Matthcw 7:12).

Growing up in the 1970s in Huntington Beach, California, many of the children at my elementary school were from stable, upper middle-class families. While most of these children imitated the responsible conduct of their educated and hardworking parents, some of them were lazy or just plain rebellious. My mother encouraged me to make friends with children who were respectful of others, studied hard, and avoided getting into trouble. She recognized that my peers would influence my behavior and habits. One of Jesus' followers, Paul, a church leader in the first century, expressed a similar insight in the Bible. "Do not be deceived," he writes. "Bad company corrupts good morals." (I Corinthians 15:33). Again, my mother's practical wisdom unintentionally foreshadowed a spiritual truth that I came to adopt later in life.

Hoping that I would enjoy my life, my mother encouraged me to be content with what our family had. "Don't compare what we have to others or else you will always be unhappy," she would say. Everyone encounters difficult circumstances at one time or another, such as awkward social events, stressful job situations, or strained family relationships, and it is easy to focus on the negative and be miserable. Instead, my mother taught me to look at the positive and make the best of the situation. I have seen my mother work through some very challenging struggles when others might have given up.

When I was growing up, my father and mother demonstrated how husbands and wives should work with each other to build a lasting marriage. My father was the leader of, and the provider for, our family, yet my father and mother worked together as a team on everything. My mother would learn new skills (such as how to manage rental properties and trade stocks) to be a good partner for him. My mother began to teach me when I was just a child how to become a good wife. She would tell me, "Support your husband and be ready to compromise." She explained that husbands and wives often have differing points-of-view, so compromises are an essential ingredient of a successful and harmonious marriage. My mother's example and counsel laid the groundwork for my belief in the biblical teachings on marriage. Ephesians 5:22-33, for example, explains that husbands ought to love their wives sacrificially and provide for their needs as Jesus loves His church and laid down His perfect life, so the members of His church could be forgiven of their sins and live eternally with Him. This passage also teaches that wives should respect and submit to their husbands the way the church follows Jesus. While our contemporary culture may disapprove of and even mock such teachings, I believe they are the foundation of a successful marriage.

My mother showed me not only how to be a good wife but also how to be a strong, hardworking woman. When I was a child, she taught me to make my bed and pick up after myself before leaving the house. As I got older she taught me to plan for whatever tasks needed to be done, including completing school projects, hosting parties, and preparing for vacations. Before I learned how to drive she challenged me to pay attention to my surroundings and become familiar with the major streets and freeways of Southern California, so I could get to my destination without getting lost. She taught me these lessons, but she also tried to follow them herself. Because she pays attention to her surroundings, for example, she can easily navigate the complex and busy metropolitan area in which she lives, quickly identifying alternate routes to avoid traffic or construction better than any modern-day GPS device! Perhaps the best example of her strength and determination is her response to my father's unexpected passing at age 50. Up until that point, my father had held the primary responsibility for managing our house, cars, and finances. Although she had little knowledge of what to do when my father passed away, she quickly took on these responsibilities and learned how to care for our family's needs. I later discovered that my mother's commitment to our family's well-being reflected many of the characteristics of a godly woman. Right after my father passed away when I was 14 years old, my mother said to me, "I could not be with you and help you the rest of your life. But you must fight your own battle and learn how to fend for yourself no matter what happens. The most important issue is to be happy in any circumstance as described in Proverbs 31. That is the kind of woman I want to be, and my mother was my first glimpse of what such a woman might look like.

My mother taught me many practical lessons. Although my mother and I have different spiritual beliefs, I continue to be grateful to God that my mother's practical wisdom prepared me for the biblical wisdom which I now regard as the truth on which I have based my life. I am thankful that God gave me a wonderful mother who raised me, protected me, and loves me. She helped me to become the person I am today, and I hope I have made her proud and lived up to one of her favorite sayings,"Like mother, like daughter."

法親篇

急起直追的目標

◎蕭迪玉

我在美國南加州從事採訪工作十多年歲月裏，曾與許多新聞人物擦身而過，簡婉平是少數與我特別有緣分的一位。

在上世紀九〇年代初期，橙縣華人居民仍相當零散的時候，簡婉平是加入美國健康保險諮詢服務處擔任志工的華人先驅，她不但能講流利英語，還通華語及多種方言，許多對美國福利制度一知半解的華人移民，在她的協助下申請到聯邦政府提供的福利，使他們能享用應有的醫療保險。

同時，她也經常不厭其詳地向我解說相關訊息，每次碰到與聯邦醫療補助有關的事務，我總是先打電話向她求教。多次與她談話之後，我發現她在橙縣定居多年，不但交遊廣闊，兼具熱心、坦率的本性，而且還頗有「新聞感」——了解記者們趕時間、搶頭條的職業壓力，舉凡與橙縣華人食衣住行相關的生活資訊，抑或突發性的新聞事件，乃至高難度的內幕消息，她都樂意提供線索。

幾年後，有一次遇到容光煥發的簡婉平，原來，她已經找到一個真正與她的信念相符，能讓她發揮愛心的組織——美國慈濟基金會。她深受證嚴上人的感召，隨著慈濟志工到各地提供急難救助的各項協助，她還加入一系列人文志工的進修課程，開始為慈濟各項服務拍照及寫文章。

簡婉平曾搬去拉斯維加斯住了幾年，還出任當地慈濟聯絡處負責人，但是沒有多久她又回到橙縣定居，可以看出橙縣在她心中的地位。以美國的水平看來，橙縣是個相當富裕的地區，但是在這裏仍有許多居無定所的家庭，簡婉平特別關注弱勢群體，經常想著是否有辦法幫助他們。

最近幾年，簡婉平在橙縣聖塔安那學區最有需要的幾所公立小學推出「幸福校園背包」、課業輔導、義診及食品發放等服務，以弱勢家庭學童為主要對象，每週由志工準備好裝滿愛心食品的背包，週末讓學童帶回家。她看到家貧的小學生學習有困難，就組織另一批志工，提供免費的課業輔導。

▼ 1986 年，世界日報記者蕭迪玉赴 HICAP 辦公室採訪簡婉平，雙方友誼持續至今。

簡婉平的兒子鄧陽光於橙縣的鞍背谷學院（Saddleback College）擔任高科技與應用科學系的系主任，每年負責為橙縣提供經濟報告，鄧陽光的報告已成為橙縣各級政府單位及企業機構規畫未來發展方向的指標。透過簡婉平的介紹，我率先採訪到這位經濟學家，印象中他談吐謙虛、風趣，與他的母親一樣平易近人。

擔任慈濟志工多年，簡婉平一直將關懷、照顧弱勢人群，當作最重要的工作，儘管已經年近八旬，服務的腳步仍未減緩。

她的兒子為了鼓勵她多照顧自己，特別送她時尚健康手環，於是簡婉平和我成了步行的夥伴與對手。看到她每天步行數大大超前，令我不得不急起直追，去年我一不小心扭傷了左腳，她馬上來電關注，並為我加油打氣，鼓勵我快快迎頭趕上。其實，不論是服務還是步行，簡婉平都是我追趕的目標。

人生難得的好友

◎茱莉．史考恩

在我三十五年的職業生涯中，一直為年長的成人社區提供服務，因此有機會結識許多特殊人才，艾米莉（Emily，慈恆的英文名字）的貢獻是非凡的。

艾米莉是 HICAP 團體中最優秀、最有愛心、最有獻身精神及具備同情心的人，她無私地為他人服務。我從艾米莉身上學到了許多，希望她也能從我這裏學到如何帶領非營利服務機構的志工，以及在美國社會中如何待人接物的技巧。

許多年前，艾米莉在加州橙縣加入 HICAP 志工，希望通過嚴格的培訓計畫，幫助大家了解複雜的醫療保險、紅藍白卡及相關保險業務。志願者的工作「說易行難」，唯有無私才可以解決醫療保險系統的各種疑難雜症，並把它轉化為可信的資訊。

艾米莉從一開始就是特例，她思維敏捷，渴求知識。她想全方面了解諮詢服務，因此花費額外的時間學習。她總是設想周到，以服務人群為至上。

我記得她是一個很好的問題解決者，會把自己在諮詢活動中學到的知識帶到人群，以進一步了解民眾的需求。她雖服務於不同族裔的社區，但在回饋亞洲社區時，總是表現得特別慷慨，她常在週末時間到各華人耆老中心、松柏會等講解醫療保險及補充保險的問題，幫助老人家填表申請保險，以及和華人長者做朋友、送他們回家等。

很明顯，艾米莉有一個聰明的頭腦，更有處理複雜事務的能力，在健康保險事務的教育及說明上，幫助民眾作出最明智的選擇。

艾米莉的輔導風格一直很輝煌，我看過她協助一位年長的客戶選擇健康保險，給予他充分的關注，仔細問一些問題，以便提供最合適的個人援助計畫。艾米莉服務過的每個人都對她讚不絕口，因為她尊重每一位前來求助的人，並且以保有尊嚴的態度接待對方，她為所有的志願者樹立了良好典範。

艾米莉成了我們團隊的菁英成員，由於她的努力，我們的外展和協助水平攀升，因為她無所畏懼地組織了援助網站，並尋找新的網點提供我們的志願服務。

艾米莉很快就成為橙縣各耆老社區中心及HICAP辦公室的常駐專家。我非常依賴她提供跨文化交流的見解、文化能力及指導。作為顧問，艾米莉備受尊重及歡迎，她耐心、善良、通情達理，微笑永遠掛在臉上，凡是接受過她服務的人均感到舒適、平和。

▲茱莉認為簡婉平是HICAP最優秀、最有愛心、最有獻身精神及具備同情心的人。

無論她走到哪裏，都會帶來一種快樂和冒險的感覺。活躍在這麼多的活動中，她是一個狂熱的旅行者，經常組織旅行，帶領人們前往令人難以置信的旅程，我一直希望能和她一起冒險。

艾米莉也具有創意的一面，她的攝影作品總是如此激動人心，她的藝術才華留給我深刻的印象，參加她的畫展，讓我大開眼界。對於這個多年來我有幸稱為「朋友」、經常煲電話粥的女人，我對她加倍敬重和欽佩。

許多年過去了，我們在滾滾紅塵中分離，各忙各的，這是我在維持友誼方面的疏忽，但是艾米莉總是那麼寬容，她讓我感覺必須把握當下。艾米莉與HICAP家族始終保持著緊密的聯繫，持續我們三十多年的友情。

艾米莉是人生難得的好友，我唯一的女兒於一九九三年出世，我和先生吉・史考恩（Jim Schoen）為女兒取名艾米莉（Emily），紀念我們之間永恆的友情！

The Best Volunteer I Met

By Julie Schoen

During my thirty-five years career in serving the older adult community, I have had the opportunity to meet many exceptional individuals, but Emily Chu is extraordinary. Emily exemplifies the best in our society: a caring, committed, and compassionate individual who has devoted her life to serving others. I feel I have learned as much from Emily as hopefully she has learned from me.

I met Emily many years ago when I was directing the not-for-profit Health Insurance Counseling and Advocacy Program (HICAP)for Orange County, California. Emily wanted to go through our rigorous training program so that she would be able to serve others in understanding the complex Medicare, Medi-Cal, and supplemental insurance industry. This is no easy volunteer experience. It takes a selfless individual who can sort through the myriad complexities of our health insurance system and translate it into relatable information. Emily was exceptional from the very beginning. She has a quick mind and a thirst for knowledge. She wanted to understand all facets of the counseling services and spent additional time studying. Her questions were always thoughtful and service oriented. I recall Emily being a wonderful problem solver. She would bring what she had learned in her counseling activities to us, so we could better understand the needs of the people we were serving. She served all in her community but was especially generous in the time she gave back to serving the

▲茱莉（中）邀請友人連袂出席簡婉平畫展。

Asian community. It was quickly evident that Emily has a brilliant mind and the capacity to handle complex concepts and bring them to their elemental points to educate the community and assist them in making informed choices.

Emily's counseling style was always brilliant also. I remember watching her working with an older client, providing them her full attention, thoughtfully asking questions so that she could provide them with an individual assistance plan. Each person she served meant something to Emily. She treated them with respect, honor, and dignity. She set a standard for all our other volunteers.

Emily became an invaluable member of our team. Due to Emily's efforts, our outreach and assistance levels climbed as Emily was fearless in organizing assistance sites and seeking out new outlets to provide our volunteer services. Emily soon established herself as the resident expert at many senior and community centers throughout Orange County as well as within our office. I relied heavily on Emily for her insights, cultural competencies, and guidance in providing cross-cultural communications. Emily is well respected and is in demand as a counselor. She is patient, kind, understanding and has a smile that provides comfort and calm to the individual she is serving.

Emily also brings a sense of fun and adventure wherever she goes. Emily is active in so many activities. She is an avid traveler, often setting up tours and taking people on incredible journeys. I had always hoped to join her on one of these adventures. Her photos were always so thrilling. Emily also has an extremely creative side. I was truly impressed with her artistic abilities. I once went to an exhibition of her artwork and was just in awe of what she had painted. It added a whole other level of respect and admiration for this woman that I have been fortunate to call my friend over the years. Emily then provided me with the paintings. I could not get over her generosity.

Over the years we have gone our separate ways and

I hate to admit that I am very negligent in sustaining the friendship, but Emily is always so forgiving. She makes me feel that no time has passed at all. She maintains connections with others from our close-knit family of service and is there for the friendship. She has always been an example to me of the best in our society. I am truly fortunate to call Emily Chu my friend.

亦母亦姊伴我行

◎朱益中

因緣不可思議，由讀書會認識，開啟了彼此的互動，直至今日能提筆略述我對慈恆師姊的體認和了解，無限感恩！

在慈濟新、舊會所的讀書會，以至今日的「晨鐘起．薰法香」，慈恆師姊總是持之以恆，正如上人所給予她的法號「慈恆」，諧音「持恆」，聞法之心不曾間斷。靜思勤行道、慈濟人間路，秉持靜思法脈的精髓，陪伴她走過漫長的慈濟人生。

她筆錄上人說法，並將親身體驗與感受，以電郵、影印或手寫，和志工、親朋好友分享，實是我學習的典範。

慈恆師姊的慈濟緣，一路走來三十餘年。從當初篳路藍縷草創期，至今日慈濟國際化，過程中慈恆師姊用心投入，專注始終如一，用心經營所負責的活動。

早期美國慈濟在蒙諾維亞和阿罕布拉（Alhambra）的開展，有她的護持和付出；在拉斯維加斯會所承擔責任與使命，設立制度分工、參與慈善事業的規畫和發展、推動幸福校園、環保資源回收。因地制宜、自力更生、就地取材，運用社區資源回饋社區大眾。

對於人才的發掘和培育更是其首要目標。耕耘社區廣結善緣，定期舉辦茶會、愛心聯誼會，邀約社區大德參與，啟發其慈悲的心懷、齊聚善念、共同布施、廣植福田。過程中所投入的時間和精力，無以言喻，細心規畫每一個活動的流程和方案，用心之至不眠不休、身體力行、勇於承擔，實令我敬佩不已！

當面對人事問題，以感恩、善解、包容之心，圓融化解，營造一個祥和溫馨的清淨道場，供法親菩薩修行、凝聚法親情誼。經常關懷法親、藉以締結法親彼此情緣，讓大家感受慈濟家庭的愛和關懷。

拉斯維加斯聯絡處的「四人幫（四位志工天天到班推廣志業）」，正是此圓滿的寫照，不僅同心協力、推動社區活動，並增進法親彼此互動、凝聚一股道氣、帶動四大志業的運轉和常轉法輪，永續靜思法脈。

綜觀慈恆師姊的行事，她奉獻個人的心力、精神、時間於慈濟志業，樂於聞法並與大家分享，以平常心待人處事，給予人親切的感覺，布施財、布施法、布施愛，一生行事盡其所能的布施，緣苦眾生。

她以合和互協的精神，樂於配合團隊運作、圓滿各項活動。她忍辱負重，執行活動計畫遇人我是非時，會繞道而行，以善解心化解衝突、圓融事理，了解人圓、理圓、事圓的道理。常以智慧心面對問題並處理它，過後就學得放下。

在慈濟的道路上，慈恆師姊除了樂於配合並積極參與和護持活動，也主動參加讀書會、精進研習營、研習上人的法，並將法用於日常生活當中。常回心靈的故鄉花蓮靜思精舍探望上人、當看見上人的那一剎那，她心中的歡喜油然而生。常津津樂道談論，和上人擦身而過，上人那幾句簡短的問候語。

▼朱益中（右二）等志工至林肯小學歡迎選區服務處處長希曼尼斯（中）參觀「幸福校園食物背包」計畫。

慈恆師姊也在家中練習靜坐藉以定心，在參與活動過後，經常練習氣功以恢復體力。她非常重視養生保健，也因如此而能長久在慈濟路上行菩薩道、永不懈怠。

慈恆師姊持志守戒，心定而智慧生，誠如佛法所言「戒、定、慧」，她外行菩薩道並以內修為基礎，靜思勤行加上智慧運用於心，更能在慈濟路途上圓融事理，化解人我是非。她一路走來未曾歇息，始終以天下蒼生的福祉為己任，退而不休，外行修福，聞法修慧，恪守上人的訓示，福慧雙修。

慈濟人間路上，與亦母亦姊的慈恆師姊同行菩薩道，實是無限感恩！

推薦她做「一日校長」

◎愛德娜．維雷多

我在聖塔安那學區做了二十九年的教育工作，包括教課老師、副校長及校長等行政職務，又在羅梅羅．克魯斯小學做了六年的校長，目前在林肯小學已經做了三年校長，我愛學生就如同愛我的家人一樣。

好因緣讓我先認識慈濟志工葛濟覺和陳慈江，二〇一〇年葛濟覺把慈恆師姊介紹給我。從那年開始，慈恆師姊就常穿梭在學校的園區，準時在每星期三把採購的食物，一箱一箱地搬運到學校的儲藏室鎖起來；每星期四早上，在課堂上幫學生們補習功課；下午學生放學後，她又和他們互動，成立「幸福校園背包」愛心團隊，二十多位學生笑容滿面地打包食物。

打包的學生從沒有開口領取一份食物包，反之，他們學會付出無所求的快樂。慈濟帶給他們的訊息是——「發願在將來完成學業以後，做一個可以為窮苦不幸者伸出援手的人。」

學校有一個儲藏室，保留著很多不同尺寸的舊衣服，隨時供應舊衣服給窮學生。有一年，我請慈恆師姊募集襯衫送給全勤的學生，作為特別獎勵。

過去六年，每個星期五，慈濟都定時到學校發放「幸福食物背包」，以及輔導學生們的功課，教學生「靜思語」、手語、環保和認識「竹筒歲月」的意義。教導學生完成學業後，在社會中走入人群，做一個手心向下的善人。

慈恆師姊堅信人生的目標就是快樂。她明白從誕生的那一刻起，每個人都為幸福而努力，沒有人喜歡受苦。慈恆師姊和慈濟志工們一起行善，不受社會條件、教育環境和意識形態的侷限，她致力於為周遭的每一個人，創造最大程度的幸福！

我們學區有百分九十五低收入的墨裔學童，他們和家人都在貧苦中掙扎度日，當學生和家人遭逢不幸或困境，慈恆師姊立刻帶著志工前往關懷。

慈恆師姊付出了很大的努力和時間，在聖塔安那及加州橙縣做個案、照顧他人，與大家培養親密的友誼，分享溫暖的心情，表現出她的愛與同情。

▼愛德娜·維雷多校長（左一）等學區代表，參加慈濟橙縣聯絡處新春祈福。

慈恆師姊為那些因為出身貧窮而氣餒或失去親人而失去希望的人帶來希望。她鼓勵個案克服煩惱、改善態度，將每一個新出現的障礙，看做是改善生活的一個寶貴機會！她同時是一位充滿活力和獨立的女士，隨時可以拜訪老幼伸出援助之手。

慈恆師姊的同情心和平靜態度，轉化為對他人痛苦的真正慈悲，她會盡力協助緩解痛苦。已經有三次機會，我推薦慈恆師姊代表我做「一日校長」，讓她用愛心去和學生們互動！

慈恆師姊主張每個人都值得同情，因為每個生命都很重要。同情心是人類可以擁有的最重要的人格特徵之一，它導引善良、和平和寬恕，提高了生命品質！無論個人團體，慈恆師姊都極力宣導，努力激發人類的慈悲心，鼓勵彼此相愛並相互扶持。

我和慈恆師姊相處有十年，很高興因為慈濟的慈善管道，有機緣認識慈恆師姊，我永遠珍惜這分友情！

Emily Chu: A Portrait of Compassion

By Edna Valedo

Emily Chu is a firm believer that the purpose of life is to be happy. Emily understands that from the moment of birth, every human being strives for happiness and does not want suffering. Emily's work with her fellow human beings is not affected by social condition, education, or ideology. Emily is in the business of bringing about the greatest degree of happiness to every individual she meets.

Emily devotes serious efforts and time to demonstrating her love and compassion by caring for others, cultivating close friendships, and sharing her warm-hearted feelings with others. Emily brings hope to those who have lost hope or have become discouraged as a result of life occurrences, poverty, or loss of a loved ones. Emily encourages others to overcome troubles and improve attitudes, so each new obstacle can be seen as yet another valuable opportunity to improve our lives! Emily is a vigorous and independent lady always available to visit young and old to extend a helping hand. Emily's compassion and serenity translates into genuine sympathy for others' suffering, and she will do what it takes to assist in easing the pain.

Emily advocates that everyone deserves compassion because every life matters. Compassion is one of the most important character traits one can possess. It leads to kindness, peace, and forgiveness—all qualities Emily strives towards. Emily is a declared proponent that as a community and as individuals, we need to make an effort to encourage compassion and promote kindness and consideration.

Emily's compassion and love for human kind will certainly leave a positive mark on the world. Thank you, Emily, for being part our lives!

翻轉貧困學童的人生

◎史都華・考威爾

很榮幸能為慈恆師姊撰文致敬。二〇一六年是我第一次在聖塔安那學區的慈濟活動中見到她，當時的我與學區的「援助學生服務」主任海蒂・西斯內羅斯（Heidi Cisneros）往來許久，集思廣益尋求協助我校窮苦家庭的方法。西斯內羅斯太太建議我出席觀察慈濟活動，並介紹我認識慈恆師姊及朱益中師兄。

我在慈濟舉辦的冬令發放活動中認識慈恆師姊，初見面的簡短談話提到史博群中學有一千六百個窮苦家庭需要幫忙，並約定時間再見面。當時的我無法預知如此這般的「三言兩語」，對未來會有多大的影響力，畢竟眼前的這些籌備是為橙縣的貧困家庭所提供的服務。

當慈恆師姊及橙縣慈善組團隊前來探訪，她花時間和一些員工交談，也和一些學生的家長會面。很明顯，慈恆師姊是一位身體力行的人。第一次訪視結束後，她認為這些窮苦學生家庭真的需要幫助，表示會向慈濟基金會詳細報告，這使我了解到慈恆師姊的無限精力和慷慨精神。

第一次發放活動是小規模的食物發放，我們努力建立一個號召學生從事社區志工的網路，教導學生與社區夥伴合作，組織及運作食物發放活動。

慈恆師姊注意到這項計畫的實力，也深受感動，她為史博群中學帶來慈濟援助的動力，帶來慈濟的志工及慈悲心，使史博群中學成為合適的發放處所，而下一個活動更是令人難以置信。

慈恆師姊的慷慨精神、組織技巧及幹勁提供了足夠的援助，讓我們能夠養活一百個家庭。當時我們正步入二〇一六年冬季假期，更讓人印象深刻的是，慈恆師姊開發了一位善心大德，為慈善活動捐出了大量的資源，他們在幕後默默行動，為超過一百名學生及家庭提供冬季保暖衣物和鞋子。

慈恆師姊一貫表現出無私、大方的精神，她的精力及熱情，支持我們能夠繼續在聖塔安那西北角的這所小學校，繼續進行慈善工作。二〇一七年，慈濟更進一步向八百多個家庭發放食物及衣物，協助貧困家庭過冬，慈恆師姊再度發揮了「及時雨」的關鍵作用。

在慈恆師姊主導的每一件工作中，她都以敏銳眼光觀察到每一個細節。她的願景總是著眼在如何將志願精神及慈善志業結合，以期產生最大的影響力。她像很多聰明的慈善家一樣，從小型活動做起，觀察成果再慢慢加強，以期滿足這個社區的實際需求。

從第一次食物發放小活動，成長到每季一次提供給三百個家庭的大活動，我看到慈恆師姊巧心邀約慈濟志工到校，親自觀察，了解每一站的資源需要和運作。對於其中發生的每一件事，慈恆師姊無役不與，包括和慈濟總會的溝通、親自去食物銀行預定食物，又去收集免費的蔬菜和水果。

慈恆師姊負責和學區貨車及司機協調時間，直到確定食物被送到學校安全庫存為止，她一直是最關鍵的推手；在每次發放活動中，她都全神貫注地確保發放的資源送到最需要的人手中。正如她所看到，他們絕對是需要食物的家庭，並且心存感激，發放食物予窮苦家庭，這偉大願景說明了「無緣大慈，同體大悲」的慈濟理念。

我對慈恆師姊的努力無庸置疑，她帶著慈濟人的有力臂膀定期幫助史博群中學，見證聖塔安那這個角落的貧困，提供食物給需要的家庭。還有，她通過一個簡單的幕後行動，如邀請攝影師到場錄影，巧妙運用「人文真善美」的報導，讓其他人看到學區有此需求，以及發放食物和衣服的成果。

慈恆師姊是我共事過最慷慨的人之一。發動食物及衣服的勸募，絕非中小學校長能夠勝任之事，計畫、精力及時間都超出校長的想像，透過這個行動，我意識到學生家庭在食物及衣服方面的缺乏有多嚴重，我與慈恆師姊的第一次會面雖是偶然，更是必須。

我們以付出及支援的精神並肩前進，發放行動對學生及家庭產生很大的影響，不僅止於給予而已，慈恆師姊對這項工作樂在其中，她還告訴大家，她要在慈濟基金會及貧困家庭之間建立一種彼此珍惜的奉獻精神。

我們已經成立了學生志工領導團隊，培訓他們一起做發放的大部分工作。這也說明了慈恆師姊的動機和慈善精神，號召十一到十四歲的學生參加工作，需要額外的時間和精力，這些大孩子不理解慈善事業的複雜性，也不了解食物及衣服的分配方式，慈恆師姊把這看成是「栽培接棒人」的助力，她心甘情願地邀請這些大孩子同步規畫和組織發放的活動細節，讓志工學生們有

▲史都華校長、簡慈恆與學校社工凱萊在學校合影。

進一步的認識，能夠在自己的學校去幫助別人，讓自己從手心向上轉為手心向下的人。經過三次穿上慈濟志工背心做蔬果發放的經驗，他們小小的心靈中，感受到穿上志工背心的驕傲和榮幸。

我一點也不懷疑慈恆師姊的勤勉努力和大愛精神，加上她的謹慎智慧，使我們能夠幫助校內許多貧困家庭。

很榮幸，也很高興認識慈恆師姊，並共同參與這項「幸福家園」蔬果食物發放計畫。她是真正的誠正信實的慈濟人，我很感恩生逢其時，能在這裏與她共事，幫助聖塔安那學區的墨裔學生和家庭度過難關。

Action with Compassion

By Stuart Caldwell

It is my great pleasure to be able to honor Mrs. Emily Chu. I first met Mrs. Chu at a Tzu Chi function here in Santa Ana Unified School District in 2016. I had been working with our Director of Student Support Services, Heidi Cisneros, to figure out some ways to support our Spurgeon families. Mrs. Cisneros suggested that I attend a Tzu Chi event. The event where I met Mrs. Chu was a winter support event put on by Tzu Chi. We spoke briefly about the needs at Spurgeon Intermediate and arranged to meet later. At the time I had no idea just how powerful that brief conversation would be in terms of a relationship that centers on supporting some of the poorest families in Orange County.

Mrs. Chu came to Spurgeon and met our students. She spent time speaking with a variety of staff. And, she met a few of our parents. It was evident that Mrs. Chu was a highly perceptive individual. At the end of that first visit she shared that she believed that the need at Spurgeon Intermediate was real and that she and the Tzu Chi Foundation could help. It was at this point that I learned about the boundless energy and generous spirit of Mrs. Emily Chu.

Our first support event was a small-scale food distribution. We had worked to establish a student leadership network around community support. That is, students worked with our community partners to organize and run our food distribution events. Mrs. Chu observed this first endeavor and was clearly moved. She was the driving force that brought the full weight of the Tzu Chi Foundation's support system to bear on behalf of Spurgeon Intermediate students and families. She brought her fellow foundation members in and passionately made the case that Spurgeon was the right place for them to give support. The next event was incredible.

Mrs. Chu's generous spirit, organizational skills, and drive helped to bring enough support to bear that we were able to feed 100 families as we headed into the 2016 winter break. Even more impressive was the fact that Mrs. Chu tapped one of the more capable members of the foundation who donated a significant amount of resources to this charity event. That seemingly small, behind the scenes, action helped us to provide winter clothing and shoes to over 100 of our students and families. Mrs. Chu has consistently exhibited a selfless, generous spirit. Her energy and passion have allowed us to continue to grow our servant leadership efforts here at this small intermediate school in the northwest corner of Santa Ana. In 2017 Tzu Chi distributed food and clothing to over 800 families for Winter Break. Again, Mrs. Chu played a key role in making this happen.

With each event that Mrs. Chu has helped to organize it has been evident that she has observed with a keen eye. Her vision has always been geared toward how she can work to spend her volunteerism and philanthropy to make the greatest impact. Like any wise philanthropist, she started small, observed the fruits of her labor, and slowly ratcheted up her efforts to meet the very real needs of this community.

From our small first events we grew to quarterly food distributions designed and intended to serve 300 families at each event. I have watched as Mrs. Chu deftly brought other members of the local Tzu Chi office toward an understanding of the need and benefit of investing their energy and resources here at Spurgeon. For each of the events that we've had here, Mrs. Chu has been a key driving force. And at each event she has been keenly focused upon ensuring that the resources brought to bear are needed and appreciated. As she has seen that they are absolutely needed and appreciated she has helped others to share that vision.

I have no doubt that it has been Mrs. Chu's efforts that brought the publicity arm of Tzu Chi to Spurgeon to bear witness to the need and impact of supporting families in this corner of Santa Ana. Again, through a simple behind the scenes action, like inviting a videographer, Mrs. Chu deftly helped others to see the need and the fruits of others investing their philanthropic energies and resources here at Spurgeon. It was through this work that we have gradually grown to exploring monthly food distribution efforts.

▲簡婉平號召學生加入蔬果打包志工，並將他們視為未來「接棒人」。

Mrs. Chu is, quite frankly, one of the most generous people with whom I have had the privilege to work. Organizing food and clothing distributions is not work in which intermediate principals typically engage. The logistics, energy, and time constraints typically make this work that principals would not even consider. I quickly became aware of just how deep the need for food and clothing support is here at Spurgeon Intermediate. That first meeting with Mrs. Chu proved to be fortuitous.

We have been able to march side by side in a spirit of giving and support that will impact students and families well beyond the giving events. Mrs. Chu has made no secret of how she loves doing this work. She has also let it be known that she values building a giving spirit among those who are receiving aid from her and the Tzu Chi Foundation. Working together we have developed student leadership teams who manage significant portions of the work that we are privileged to do together. This too says something about

Mrs. Chu's motivation and philanthropic spirit. Having 11-, 12-, 13-. and 14-year-olds sit in on organizational meetings takes extra time and effort. These youngsters don't understand the intricacies of philanthropy or food and clothing distributions the same way that adults might. Mrs. Chu has seen this as a strength, willingly inviting these young people to the planning and organization table.

I have not one shred of doubt that it has been Mrs. Chu's efforts and giving spirit, coupled with her cautious wisdom, that has resulted in our being able to support so many families here at Spurgeon Intermediate.

It is my great honor and pleasure to know Mrs. Emily Chu and to be engaged in this important work together. She is truly one of a kind, and I am glad that I know here and can work with her.

食物銀行的好夥伴

◎馬克．勞瑞

橙縣社區行動夥伴——花園．格羅夫食物銀行（Garden Grove Food Bank）是一個立意「減少飢餓」的慈善機構。其使命是結合社區人士，共同為貧窮民眾解決民生問題，提升橙縣的生活品質。經由精心設計的輔導、教育課程動員人力協助社區，慎用資源，以達成減低與預防造成貧困的因素，並提升自給自足。

近年來美國經濟不景氣，導致全國失業的家庭增加百分之二十，墨裔人士從墨西哥邊境偷渡到美國南加州，長時間領取加州福利金、醫療保險等福利，因無收入而陷入困境，無辜的孩子們生活在窮苦的環境中，吃不飽的現象普遍存在。橙縣的城市中有許多食物銀行伸出援手，他們將多餘的食物發放給社區的貧窮老人、孩童和無業的街頭流浪漢等，緩解一時之困。

二〇一一年，慈恆師姊承擔慈濟橙縣聯絡處慈善幹事，她發願要在橙縣

推廣「幸福校園食物背包」。為了節省大眾的善款，她想盡辦法去兩家食物銀行申請非營利組織的執照，如此，她就可以為貧童買到價錢便宜的食物。

作為橙縣花園食物銀行的總裁，我在大約八年前認識了慈恆師姊。慈恆師姊介紹了慈濟基金會給我，讓我成為食物銀行與慈濟之間的橋梁。經由彼此的合作，慈恆師姊可以取得橙縣食物銀行的便宜食物提供給貧童，並邀集人手到橙縣食物銀行支援拆箱及打包等工作。慈恆師姊全力與學校管理人員和社區領導人建立關係，聯合這些關係組織了提供食物和其他援助的管道。

經由橙縣聯絡處慈善組和急難救助幹事朱益中精心規畫，發動志工積極投入花園食物銀行打包及發放活動。在與慈濟人的密切互動後，邀約橙縣的慈濟志工在每月的第三個星期六，到貨倉打包兩小時。

花園食物銀行每年有三百七十五個社區團體參加購物，一千五百位社區志工到場服務，每天供應食物給橙縣的一千四百位窮苦低收入者和街友們，還有為低收入家庭付水電費的服務，每年大約有三百萬人次得到幫助。

慈恆師姊成功地召集了許多志工參加這些服務活動。在活動中她經常拍攝每個事件的照片和視頻，事後與合作夥伴分享回饋。令供應捐助食物的廠商看了相片和視頻後，感到溫馨和欣慰！

我感覺到慈濟是一個「無緣大慈，同體大悲」的團體，八年來的互動，我可以肯定慈濟所做的點點滴滴都是無私地為窮苦的學生和他們的家人奉獻。我和貨倉的工作同事都熱烈歡迎慈恆師姊的出現，樂意為她提供服務。

▲橙縣食物銀行理事馬克·勞瑞和簡慈恆參與感恩節活動。

An Engaging Volunteer

By Mark Lowry

The OC Food Bank became acquainted with Emily approximately eight years ago. Emily introduced the OC Food Bank to the Tzu Chi Foundation and became our primary point of contact with that organization. Emily facilitates both receiving services from the OC Food Bank and offering aid to the OC Food Bank.

Emily identified vulnerable children in low-income communities in need of support. Emily invested in developing relationships with school administrators and leaders in those communities. Emily leveraged those relationships to organize events where food and other aid were provided. Emily successfully engages many other volunteers in these service events. She routinely takes photos and videos of each event, sharing that feedback with event partners.

Emily also engages volunteers in supporting the mission of the OC Food Bank. Tzu Chi Foundation members now volunteer regularly at the OC Food Bank. Moreover, when the Food Bank has a special need, Emily is the person to whom we turn for help.

Emily is a champion of environmental stewardship. She educates others on the importance of recycling and inspires them to act on that knowledge.

Emily has a servant's heart. She is authentic, genuine, and sincere. She lives out her faith and values, improving our community in the process.

▲橙縣花園食物銀行是一個立意「減少飢餓」的慈善機構。

慈悲與堅強

◎陳振和

我認識的慈恆師姊，發心很早，一九九〇年就走入慈濟，早年跟隨黃思賢師兄在洛杉磯推廣慈濟的慈善和醫療活動。

二〇〇〇年慈恆師姊搬到拉斯維加斯定居，二〇〇二年慈濟拉斯維加斯聯絡處成立後，租了一處辦公室為會所，她常來探訪法親們。二〇〇六年她先擔任聯絡處代理負責人，二〇〇七年成為負責人。我在二〇〇五年時認識她，至於對她的了解，就是在二〇〇六年這段期間，方有深入的觀察與互動。

觀察一個人的言行，可以看出她的做事為人。同處一個團體，可以了解她的作風個性，願力與承擔。在三年任期中，看到她外柔內剛的個性，做事負責認真，以及慈悲喜捨的胸襟，還有追求經手事項的完善和圓融。

二〇〇六年她出任代理負責人，拉斯維加斯聯絡處尚無會所，之前租賃的會所發生火災，建築焚毀，幾經尋尋覓覓，終於找到目前的所在地。慈恆師姊帶領十位志工回臺，尋求上人的同意與祝福，終於買下了慧命之家，拉斯維加斯聯絡處的現址。

拉斯維加斯地處要衝，既是賭城，也是各種商品的展示場。世界各國人來人往，不管是觀光旅遊、各式商展、看秀博弈，人多的地方，就有事故發生。慈濟拉斯維加斯聯絡處協助過許多事故的善後和膚慰，而有些嚴重的事故，就發生在慈恆師姊的任期內。

內州大學拉斯維加斯分校有兩位大陸來的交換學生在此就讀，假日她們與另兩位同伴出遊大峽谷，不料出了車禍，其中三人罹難。家屬抵美後，

▲陳振和（後排中）與簡慈恆拜訪拉斯維加斯的個案。

大學方面請求慈濟志工協助，趕赴亞歷桑那州旗竿鎮辦理喪事；慈恆師姊坐鎮會所處理相關事宜，非常投入幫助家屬。

一者，她憂心三位女同學的父母，是否能夠承受這種打擊？二者，她希望志工與家屬們能夠平安往返，辦妥各種手續。對於處理這樁事故，她衷心祈求菩薩庇護，擔憂溢於言表，直至看到大家平安歸來，才放下心中巨石。

二〇〇九年上海來的旅行團，一行幾十人，亦在遊覽大峽谷的歸途發生車禍，結果其中的七人死亡，十人受傷，種種的行政手續、各家的聯絡解說、撫傷慰靈的工作，全經慈恆師姊的投入處理，領導大家解決難題。

慈恆師姊直到目前為止，依然持續關懷此次車禍受傷嚴重的洪、趙兩家人，真誠和愛心的付出，可謂長情大愛。

我讚歎她的慈悲和毅力，她卻說：「感恩啦！我與洪、趙兩家的因緣，只能歸於緣分，我只是盡本分做事，並將愛分享出去，能夠成為至交好友，或者說我與他們有著一分特殊的因緣吧！」

翅膀斷了也要飛翔

◎趙瑩蕾

一次原本快樂的旅遊，變成了痛苦的回憶。

二〇〇九年元月二十四日，我們從上海出發赴美國旅遊，幾天愉快的旅途，讓我們一行二十人彼此成了朋友。一路上說說笑笑，就在大家高高興興繼續旅途的時候，一場車禍在三十日下午發生了，它，改變了車上所有人的人生。

當我醒來時，已躺上了病床，就像一場噩夢。當時的我根本不敢回想發生的事，只是一個人呆呆地躺著，一個又一個不幸的消息傳來，幾乎讓我喘不過氣，我只感到身處異國他鄉，無親無故，不知以後怎麼辦？什麼都不願去想，什麼都不想傾訴，如磐石壓在心頭。

就在我身心最脆弱的時候，慈濟人走到了我的病床旁，給我帶來了鼓勵。記得剛進醫院時，面對陌生的環境，我無處詢問，慈恆師姊是第一個來到我身旁的有緣人，她靜靜地站在我病床旁，問我需要什麼？當我聽見了熟悉的中國話時，頓感親切，我說我很冷，需要溫暖，她的手就緊緊地握著我的手，從我的身體一直溫暖到我的心。

此後，慈濟志工排班到醫院和康復中心，送來上海菜飯和安撫陪伴我們。碧桃師姊、慈越師姊、茹菁師姊、愷倫師兄及慈果師姊等人前來探望，一張張由陌生變得熟悉的臉龐，不斷地出現在我的病床旁。

有一次，他們特地在我病床旁，邊唱邊比著手語來鼓勵我。這分從未體會過的感動深深打動了我，淚水禁不住湧出。他們的幫助使我深深地懂得，幫助人的方法有很多，只要有心用心，特別是心靈上的撫慰是最重要的，是其他無法替代的。

一次次的感動不斷出現在我身邊。翠玲師姊是大學醫院（UMC）的護理師，當我住在這家醫院時，雖然不在她的部門，但每天下班後，她都來到我病房，噓寒問暖，還仔細檢查我受傷的地方，了解我的身體狀況，有很多次她因為陪伴我而嚴重耽誤下班的時間，還讓前來接她下班的先生和年幼的孩子在車子裏等待。

翠玲師姊和慈恆師姊不但關心我，還考慮到特地從中國來美陪伴我的阿姨的感受，一定要帶我阿姨出去散散心，還特地拍了照片洗出來給我，讓我想家人的時候可以看看。爸爸也在慈濟人的關心下康復先回國了，在爸爸生日的時候，慈濟人寄上卡片，送上祝福，使我的家人也得了溫暖。

我的病情一天天地漸漸好轉，在即將轉入康復中心時，阿姨就要回國了，只留下我一人在美國治病，沒有了親人的陪伴，家人們的擔憂不斷地困擾著，是慈濟人又一次站出來說：「沒關係，我們就是她在美國的親人，我們會照顧和關心她的。」一家人們一顆顆懸著的心放下了，而我心中不免還是有幾分擔憂。

記得從拉斯維加斯轉院到漢德城當天，心中既緊張又擔憂，一個人怎麼辦？一大早，正當我滿面愁容時，一個熟悉的身影來到了我的病房，是慈恆師姊，她的到來讓我懸著的心一下子平靜了下來。

到康復中心後，她忙前忙後為我整理行李，還拿我換洗的衣服回去清洗，不顧自己的勞累。每天下午，我打電話給慈恆師姊，問她：「簡姐，您過一會兒來康復中心嗎？」她每天晚上來陪伴我，直到醫院下逐客令才離開，我們之間無話不談，真比親人還親。

而可愛的妙子師姊、顧先生夫婦幾乎每天都為我送上可口的愛心飯菜，讓我嘗到了家鄉的味道，特別是妙子師姊，整天樂呵呵地到醫院來陪我聊天解悶，為我做這做那。

她說，整天笑著也是二十四小時過一天，愁眉苦臉也是二十四小時過一天，倒不如嘻嘻哈哈過每一天。樸實的話語讓我感悟很多。為了讓我週六週日不發悶，她讓她的美國先生來陪我練習英語，我想妙子夫婦沒有女兒，於是我在美國得到一對愛我的乾媽和乾爸。

像這樣的好事，慈濟人做了好多，只要我們生活上、精神上有什麼需要，他們都樂於幫忙，我還從家人的口中得知，出事當天是慈濟人早早地來到醫院等候，給我們幫助和做翻譯工作。

當我們的家屬到事發現場進行祭掃時，又是慈濟人陪伴在他們的身邊，給他們安慰。慈濟人的這種精神，不斷地激勵著我要積極地面對人生，很多事情已發生了、過去了，雖然心中的痛是永恆的也無法磨滅，但就把它悄悄地深藏在心底，讓更多的時間去想想今後的道路該如何走。

感恩慈濟，在我生命中最艱難的日子給了我很多勇氣，當我一而再、再而三地感謝他們時，他們卻感謝我給予了他們做善事的機緣。

他們無私付出，不求任何回報，此時再多華麗的語言，對於慈濟人所做的一切，都是蒼白的。從他們身上我學到了很多，懂得了很多，悟到了很多，「贈人玫瑰，手有餘香」，其實關心他人，幫助他人，自己從中得到的快樂，也是人生一種很好很美的享受。

最後我用幾句小詩與大家分享，一起面對困惑出現時的人生——

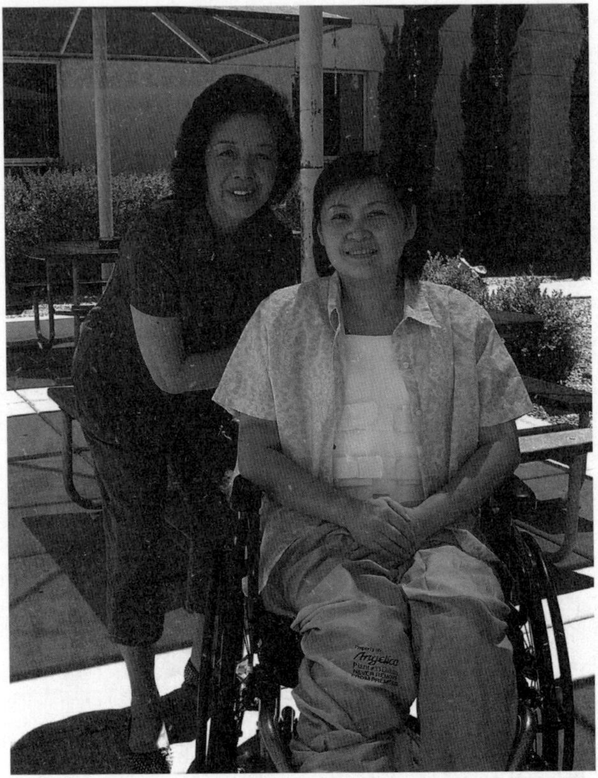

▲ 2009 年，來自上海的趙瑩蕾一家在大峽谷發生車禍，先生和姨父往生，父親腿傷，瑩蕾半身不遂！在美治療期間，簡慈恆等志工經常陪伴。

天空暗了，夢想也要點亮；
翅膀斷了，身體也要飛翔；
生活累了，自己也要堅強。
面對困境的朋友們，向前，加油！

異鄉美國的家人

◎洪碧美

我在十八年前認識瑪麗，她是一位孤獨的高齡老人，因為處境堪憐，我和她一直保持著聯繫，但我自己家境不好，無法對瑪麗提供經濟協助。

有一次，聽到中文廣播電臺「慈濟世界愛在洛城」布達的信息，知道全球都有慈濟人為苦難眾生伸出援手，我感到自己一個人的力量有限，所以，拿起電話打到慈濟美國總會慈發室報案求助。慈發室的楊曜彰了解詳情後，他把瑪麗的個案轉送到橙縣聯絡處。

橙縣聯絡處社工組長朱益中和簡慈恆據報後，立刻上門拜訪老人家，最令我感動的是，慈濟沒有問案主是什麼宗教、種族，是否為慈濟會員等，立刻付出寶貴的時間及精力，為瑪麗解決一個又一個難題。過程中，慈恆師姊對瑪麗無微不至的呵護，讓我留下深刻的印象。

早在向慈濟求助之前，我曾經試圖帶瑪麗去其他服務中心申請補助，但是沒有得到任何幫助。

九十歲的獨居老太太，身邊既沒有丈夫，也沒有子女，面對公事公辦的房東，以及即將失去的老人公寓，瑪麗茫然失措，不知何去何從。因為房東要漲租金，她無法承擔生活費用，又沒有朋友可以協助解決經濟困境，只好向我求助。我因此有緣認識慈濟，經過多位志工幫忙克服難關，終於及時為瑪麗找到一個安身之所。

▼ 2016 年，洪碧美為九十歲的孤獨老人瑪麗向慈濟求助。

瑪麗出生於美國中部一個小鎮，剛滿月就被母親送給陌生人收養。從小沒有得

到良好的教育，十四歲就開始到農場打工。瑪麗做過很多的職業，最後在南加州的安那罕市（Anaheim）一家公寓擔任管理員。

二〇一二年，公寓上市出售過戶，新業主把她解雇，她就此失業了。當時她已經八十五歲。瑪麗的先生是第二次世界大戰的退伍軍人，二十多年前就過世了，失業的瑪麗只好搬去老人公寓，每個月靠政府的社會安全補助金過日子，經常為柴米油鹽發愁，甚至有時候沒有錢付水電、瓦斯費，還借高利貸去買家庭用品。

福無雙至，禍不單行，二〇一五年五月，房東告知租金將漲百分之三十，原本就捉襟見肘的瑪麗雪上加霜，社會安全補助金不夠應付生活，付不出房租就要被房東趕出公寓，瑪麗即將面臨流浪街頭、無家可歸的窘境。

慈恆師姊為瑪麗申請電費補助，領取食物銀行為低收入戶提供的食物，送到瑪麗的公寓；也出面向房東協調延長租約以尋找住處，順利為瑪麗申請到另一家低收入老人公寓，每月只需付三百六十美元。

搬家前夕，看著滿屋子雜物，瑪麗傻了，難道要親自打包這幾十年的衣服、家具嗎？搬家那天，慈恆師姊請了三位男士來義務幫忙，他們是越南裔李師兄的朋友，汗流浹背地搬了十小時，分文未取。

瑪麗問：「你們要我這八十五歲的老人做什麼嗎？」最後她把先生的骨灰放進屋裏，沒過多久，瑪麗突然四處奔跑叫喊：「我的亨利（指先生骨灰）在哪裏啊？」大家立刻放下手上

▲簡慈恆費盡千辛萬苦，終於為瑪麗找到一個安身之所。

的東西，幫她尋找「亨利」！幾經手忙腳亂，終於把瑪麗安頓到一家環境優雅的公寓。

因為瑪麗的好因緣，我和慈恆師姊變成最好的朋友，我對她無話不說，她關心我和我的家人。有時候，先生知道我向慈恆師姊訴苦，就會在旁邊說：「你又跟慈恆師姊告狀了？」就這樣，慈恆師姊變成我們一家在異鄉美國的親人。

嚴厲外表下的另一面

◎林碧桃

簡慈恆是一位平易近人的師姊，沒有深入了解她的人，可能會被她嚴厲的外表給騙了，因而不敢接近她，我也是其中之一。

二〇〇七年，剛由職場退下的我，摸索著尋找一條可以讓自己發揮愛心去幫助人的路。當時，慈恆師姊是慈濟拉斯維加斯聯絡處的新任負責人，正在為聯絡處的志業而忙碌。慈濟雖然是慈善機構，但為了運作流暢，會所的一切作業仍需制度化，讓日常工作運轉暢通，由總會行政祕書協助，一點一滴建立起拉斯維加斯的基礎。

慈恆師姊需要一個助手，選上我當行政祕書，可是我有些猶豫，害怕自己不能勝任，因職場工作與道場工作性質相差甚遠，唯恐能力不足。可是慈恆師姊告訴我，我若不答應，她就找不到人了，出自一分不捨而勇敢答應，藉由如此因緣，讓我更加了解及珍惜這分法親緣。

慈恆師姊每日為了會所的人事物忙得團團轉，不但要處理日常事務，還要面對人際之間的關係，真是不太容易。

慈濟是個大家庭，每個人來自不同的環境，不同的教育背景，碰到意見不合時，真正要做到善解、包容、感恩、尊重及愛談何容易？慈恆師姊秉持上人「普天三無」的理念，「普天下沒有我不愛的人，普天下沒有我不信任的人，普天下沒有我不原諒的人」，貫徹執行，即使有時候沒法做到圓滿，有些事雖然已知道真相，但她不說破，盡可能做到大家都歡喜。

剛開始與她共事時，有一次行政會議結束，大家正準備回家，忽然聽到後面有聲音說：「你們若不急著回家，我請大家吃飯！」回頭一看是慈恆師姊，幾位志工心照不宣地馬上說：「我們有事，謝謝你的好意。」

因為過去的我們被慈恆師姊嚴厲的外表嚇到了，沒人敢和她去吃飯，現在想起來真好笑。凡夫不都這樣嗎？當我們不認識或不了解一個人的時候，往往以外表來判斷一個人，要不然就是以一般通俗觀念去決定一個人，就這樣錯過一次結交好友的機緣。

幸虧老天爺總是給人機會，從慈恆師姊不斷要求完美的堅持，讓我學習到人生的真義，這就是慈濟；而從事慈濟工作三十年之久的慈恆師姊，更是慈濟人的表率，為人方正、赤誠，表露無遺。

記得二〇〇七年南加州發生大火，慈恆師姊領著我們去賑災，短短的五天，讓我體悟到人生的酸甜苦辣，見苦知福。平常生活舒適的我，真是不敢相信，平日擁有的並不能保證永遠，一把無情的火燒得寸草不留，尤其天氣寒冷，這些人要住到哪裏去？人生真無常。

當年賑災時，很多受災民眾很無助，有一對夫妻來詢問，彼此之間既不同宗教，又不同種族，慈濟為什麼要幫助他們？我告訴他們上人「普天三無」的精神與理念，他們感動得痛哭流涕。若非慈恆師姊給我機會，我就沒有如此體驗。

「人之初，性本善，性相近，習相遠。」每人都有善良的本性，只是生

▼林碧桃和簡慈恆（舉商標者）接引熊貓經理團隊，一起為「沙漠之友」供應聖誕大餐。

活習慣、欲念使我們的本性畫上不同的色彩，欲望愈大，貪欲心愈重，最後迷失自己。然而這些是我在慈恆師姊身上找不到的，她存有赤子之心，待人接物彬彬有禮，因此她做慈濟近三十年還勇猛精進，這是我要學習的，也是她值得人尊敬之處。

下輩子還要回慈濟

◎林綺芬

一九八三年第一任先生往生，那時候慈恆師姊四十五歲，女兒才十四歲。他十一月中離開，月底她就沒有保險，當時她很傷痛，不知道該怎麼辦，連車子都不敢開。她問一個朋友該買什麼保險、到哪裏去保險，他介紹慈恆師姊到 HICAP 學習，學了就能幫助自己。從此，慈恆師姊在 HICAP 做了十年志工。

一九九〇年左右，慈恆師姊在超市收到一張傳單，上面寫著在科斯塔梅薩的杭州小館，有一場慈濟舉辦的茶會。她是香港人，從沒聽過慈濟，就好奇去聽聽看。

那天在餐館裏，有幾位資深的慈濟志工如蔡慈璽、李靜誼、王思宏、李德宣等人都做了分享，講得很深入，令慈恆師姊很感動，事後便寫了一張感謝卡寄給主辦人李長科。因為這張謝卡，李長科打電話邀她幫忙成立慈濟科斯塔梅薩聯絡處。

一九九二年，李長科在大兒子的律師事務所挪出一個房間當聯絡處，大家在科斯塔梅薩辦茶會、關懷個案，開設社教課，彼此感情十分融洽。

進入慈濟，慈恆師姊得到一個很喜悅的寶，就是金錢難買的法親。先生離開時，她很失落，就把自己弄得很忙，但心靈還是很失落，進入慈濟後才發現慈濟像一個大家庭。

當時，慈恆師姊住在加州杭廷頓海灘，志工們一個月到她家聚會一次，每個人帶一道菜來。有人坐地上、有人坐沙發，用完餐她會告訴大家這個月做了些什麼，下個月計畫做什麼，大家相互討論與改進；提出意見的人感覺自己的想法被尊重，都很開心。

慈恆師姊在橙縣啟動「幸福校園計畫」時，團隊有十四個人，她把他們當一家人，時常在她家聚會。慈濟人常說「感恩、尊重、愛」，慈恆師姊覺得應該要以真、以誠對待每一位法親，傳揚上人的法，讓大家做得法喜充滿。

▼林綺芬是慈濟橙縣聯絡處人文真善美幹事，簡慈恆在她團隊中學習採訪撰稿。

有些人原本在慈濟做得很開心，卻因為人與事的問題而離開，事後跟慈恆師姊說，感到生活很失落，感覺離開慈濟對他們來講，真的是一個很大的損失。慈恆師姊就說：「很多我們不明白的事，聽聽上人的開示，就會知道該走怎樣的路！在末法時代，更要有堅定的道心，還要以誠去對待別人。今生難得遇良師，真的要好好珍惜。」這是慈恆師姊近年的心得。

一九九四年，科斯塔梅薩聯絡處與爾灣聯絡處合併，更名為橙縣聯絡處，慈恆師姊到義診中心幫忙，後來又有因緣做慈善。她常跟其他志工分享，做事要隨著因緣走，不要強求；事情發生的時間還沒到，強求是不行的。

義診中心有一位老太太，曾跟慈恆師姊分享一句話：「事過境遷了無痕。」她記住了，學會放下；如果凡事看開，什麼都可以放下，就沒什麼好爭著出頭了。

近年，她每天早上薰法香，上人說：「修行要法入心，法入行；要除習性，得智慧，去煩惱。」這些她都做到了。

慈恆師姊做慈濟，到處都可以跟人結好緣。以前她會希望每個人都喜歡她，現在她知道不需要如此，有緣就多來往，沒緣就躲開一點，不要結惡緣。心存感恩，抱著「普天三無」的心態，沒有永遠過不去的敵人。

慈恆師姊的生活很規律，一清早五點以前就自然醒，起床後先讀上人晨語開示的文字稿，然後練一個小時的拍打功。每天多半有事情做，出門後差不多在下午三、四點回家，一天很快就過去了。她快八十歲了，希望能多傳承，這幾年她陪伴了幾位新志工，她讓他們在前邊做，自己只是在後面陪著。這樣下來，他們知道怎麼做，她也很放心。

許多年前，慈恆師姊跟辜思浩師兄說：「下輩子我要當男生，因為我覺得如果這輩子是男生又是慈濟人的話，我在慈濟應該可以發揮得更好，做更多事。」辜師兄問她：「到那時候，慈濟不在臺灣怎麼辦？」

慈恆師姊說，不管慈濟在哪裏，總之，她會發這個願。現在她一直在修自己，就是希望來生能再回到慈濟的家，回到證嚴上人的身邊做慈濟人。

姚平

【附錄】

簡婉平生平年表

一九三八年　十一月一日，出生於香港。

一九四一年　日本侵華，與母親逃難至大陸。

一九四八年　返回故鄉廣東省中山縣南塘村暫住數月。

一九四九年　偕母親前往香港申請簽證赴美，投靠在美經商的父親；就讀香港九龍培道初中。

一九五〇年　母親的護照簽證先獲批准，獨自赴美；獨留香港九龍協恩女中住校，就讀高中。

一九五五年　二月，認識鄧南圖；六月，搭乘威爾遜總統船，與堂妹簡潔平結伴從香港到三藩市，轉往芝加哥；九月，就讀芝加哥奧斯汀高中，鄧南圖取得學生簽證赴美留學，就讀南加州派克斯學院。

一九五六年　就讀西北大學。

一九五八年　鄧南圖畢業於聖路易大學，考進麻省理工學院；七月，與鄧南圖結婚，自組小家庭。

一九五九年　搬到波士頓劍橋，經濟來源靠鄧南圖的獎學金，和她半工半讀（白天在百貨公司做會計，晚上在東北大學選修）。

一九六〇年　六月，兒子鄧陽光出生，一家三口搬到月租六十五美元含家具的房間。

一九六一年　換到月租七十五美元沒家具公寓，鄧南圖兼差修理飛機工程及買賣汽車賺外快。

一九六二年　六月，鄧南圖獲得麻省理工學院工程師碩士學位，受聘於麥克唐納飛機公司。一家三口從波士頓搬到南加州。

一九六九年　八月。女兒鄧美貞在加州托倫斯出生。

一九七二年　為了兒女的教育，搬到橙縣杭廷頓海灘好學區，一住三十二年。

一九八〇年　鄧南圖發明全世界最快的槍，麥克唐納公司頒發獎勵金。

一九八一年　鄧南圖提早退休，鄧家父母從臺北搬到美國同住。

一九八三年　鄧南圖在網球場比賽進行中心臟病發作，不幸往生。

一九八四年　在噴泉谷醫院和橙縣健康保險諮詢服務處做志工。

一九九〇年　參加李長科在杭州小館舉辦的慈濟茶會，受感動而投入慈濟。

一九九一年　第一次回花蓮靜思精舍，上人對她說的第一句話是：「美國需要你，回去要好好做！」

一九九二年　與李長科在橙縣籌備成立科斯塔梅薩聯絡處，一起承擔負責人之職。

一九九三年　協助籌畫成立美國首間慈濟義診中心，負責社工部門，每週去診所四、五次；在南加州受證為慈濟委員，法號「慈恆」。

一九九四年　擔任美國分會慈善組社工組長；認識祝咸仁。

一九九五年　四月，第二次回靜思精舍，參加首屆全球慈濟人精神研習會，以美國分會社工組長身分報告；上人對她說的第二句話是：「好好用心啊！」第三句話則是：「回去要好好地做啊！」

一九九五年　七月，受橙縣健康保險諮詢服務處推薦，接受馬里蘭州的健康保險諮詢總會表揚，領取全美榮譽志工獎，是今生得到的最高肯定。

一九九五年　十二月，和祝咸仁在橙縣結婚。

二〇〇〇年　六月，遷居到拉斯維加斯。

二〇〇六年　擔任拉斯維加斯聯絡處代理負責人；九月，拉斯維加斯率先啟動「校園愛心背包」計畫，每週提供一百零八個食物背包；十月，祝咸仁往生；十二月，租賃的慈濟會所慘遭祝融之災。

二〇〇七年　一月，帶隊回精舍請求上人祝福購買會所；三月，拉斯維加斯會所喬遷，擔任拉斯維加斯聯絡處負責人；十一月，在希爾頓酒店舉辦愛心宴，五百位嘉賓共襄盛舉。

二〇〇九年　卸任拉斯維加斯負責人。

二〇一〇年　七月，搬回橙縣，接任橙縣聯絡處慈善組長，帶動愛心背包及「幸福校園」計畫，把醫療帶進聖塔安那學區，一年定期舉辦四次義診。

二〇一六年　負責為「幸福家園食物蔬果發放」計畫，向花園食物銀行訂食物救濟貧困家庭，定期送往史博群中學發放。

傳家系列003

Emily 的幸福學堂

作　　者／鄭茹菁、簡婉平
插　　畫／簡婉平
照片提供／簡婉平、慈濟花蓮本會
創 辦 人／釋證嚴
發 行 人／王端正
總 編 輯／王慧萍
主　　編／陳玫君
特約編輯／吟詩賦
編　　輯／涂慶鐘
校對志工／張勝美、簡素珠
美術設計／張小華

出 版 者／慈濟傳播人文志業基金會
　　　　　慈濟期刊部
地　　址／11259 臺北市北投區立德路 2 號
編輯部電話／02-28989000 分機 2065
客服專線／02-28989991
傳真專線／02-28989993
劃撥帳號／19924552　戶名／經典雜誌
製版印刷／新豪華製版印刷股份有限公司
出版日期／2018 年 5 月初版一刷
定　　價／新臺幣 250 元

國家圖書館出版品預行編目 (CIP) 資料

Emily 的幸福學堂
鄭茹菁、簡婉平作 . -- 初版 . --
臺北市：慈濟傳播人文志業基金會，2018.05
319 面；15×21 公分 . --（傳家系列；3）
ISBN 978-986-5726-54-6（平裝）
1. 簡婉平　2. 傳記
785.28　　107007137